全国工商联人才交流服务中心职业技能培训系列教材

电商实战营
E-commerce Practicing Camp

宁静 主编　王书柏 刘帅 夏佳其 三虎 副主编

电商数据分析
E-commerce Data Analysis

人民邮电出版社

北京

图书在版编目（CIP）数据

电商实战营：电商数据分析 / 宁静主编. -- 北京：人民邮电出版社，2022.10
ISBN 978-7-115-59276-7

Ⅰ. ①电… Ⅱ. ①宁… Ⅲ. ①网络营销 Ⅳ. ①F713.365.2

中国版本图书馆CIP数据核字(2022)第110146号

内 容 提 要

本书从电商数据分析的实际应用出发，系统地介绍了电商数据分析的思维、工具、方法与技巧。

本书共 8 章。第 1 章主要介绍电商行业的现状、数据化运营的特点及重要性；第 2 章主要讲解数据分析的思维、方法、流程和误区；第 3 章主要讲解电商数据的收集、转化与展示；第 4 章主要讲解电商运营的核心数据指标；第 5 章主要讲解生意参谋的市场应用；第 6 章主要讲解如何通过市场数据分析挖掘蓝海市场；第 7 章主要讲解如何用数据解析平台流量；第 8 章主要讲解店铺诊断的方法。本书除了讲解各种常用的数据分析方法以外，还穿插了大量实操案例的讲解，以帮助读者举一反三，解决实战难题，提高运营能力。

本书作为全国工商联人才交流服务中心职业技能培训系列教材，内容全面、实战性强，适合从事电商数据分析与运营的读者阅读，也适合作为培训机构和高等院校的电子商务课程的教材。想要快速自学电商数据分析与运营的读者，或想要改善店铺经营状况、提高经营业绩的运营负责人或企业管理人员，不妨细细品读本书。

◆ 主　　编　宁　静
　副 主 编　王书柏　刘　帅　夏佳其　三　虎
　责任编辑　牟桂玲
　责任印制　胡　南

◆ 人民邮电出版社出版发行　北京市丰台区成寿寺路 11 号
　邮编　100164　　电子邮件　315@ptpress.com.cn
　网址　https://www.ptpress.com.cn
　北京七彩京通数码快印有限公司印刷

◆ 开本：800×1000　1/16
　印张：14.5　　　　　　　　　　　2022 年 10 月第 1 版
　字数：285 千字　　　　　　　　　2025 年 7 月北京第 11 次印刷

定价：59.90 元

读者服务热线：(010)81055410　印装质量热线：(010)81055316
反盗版热线：(010)81055315

前言

● 编写初衷

各位读者朋友,大家好!很高兴能通过本书与你们相识。我不知道你们为什么会购买本书,也不知道你们的职业是什么,也许是运营、美工、客服,也许是企业管理者,但是这都不重要。我相信,无论现在在做什么,大家都希望未来能够成为企业的核心决策者。我们都不希望自己是一个靠拍脑袋做决策的人,而是希望自己是"用数据说话"的有理有据的决策者。

随着电商产业的发展,企业数据已经变得越来越丰富,对运营决策者的要求也越来越高,因此我把普及数据化教育作为我的终身事业,这也是我创作本书的缘由。我希望通过本书让更多人通过数据化的知识打牢自身在企业决策道路上的基础。我在本书中把自己十几年来的项目实战经验和教学经验毫无保留地分享给大家,以期让初学者少走弯路,快速建立数据化运营的思路,掌握电商数据分析与运营的常用方法,全面提升电商数据分析与运营的各项工作技能。

● 本书内容

本书以解决电商数据分析与运营工作人员的实际问题为目标,以电商数据分析与运营的工作内容和工作流程为基础,以增强各项数据化运营业务能力为核心内容,具体内容如下。

第1章主要介绍电商面临的现状、数据化运营的特点及重要性。

第2~4章主要介绍相关基础知识,包括数据分析的思维、方法、流程和误区;电商数据的收集、转化与展示;电商运营的核心数据指标。通过对这3章内容的学习,读者可以掌握电商数据分析的基本技能,为具体开展电商数据分析工作奠定良好的基础。

第5章主要介绍生意参谋的市场应用,包括通过市场大盘把控流量的变化;中小卖家如何制定销售目标,如何成功打造爆款,如何检验自身产品的潜力等内容。通过学习本章,读者可以掌握使用生意参谋解决一些实际运营问题的方法。

第6章主要介绍通过市场数据分析挖掘蓝海市场的相关知识,包括市场数据分析的目的,如何挖掘蓝海市场,如何选择具有可操作性的类目,以及如何根据市场数据做好品类规划等内容。通过学习本章,读者可以掌握用数据分析挖掘蓝海市场的具体方法。

第7章主要介绍用数据解析平台流量的相关知识,包括如何打造店铺流量,搜索引擎的排名和权重解析、七天螺旋失效的原因、淘宝标签化流量解析、手淘首页流量的获取方法，以及单品搜索起爆规划分析方法。通过学习本章，读者可以掌握并提高搜索引擎权重和获取流量的方法。

第 8 章主要介绍店铺诊断的相关知识，包括店铺诊断的常规问题解决思路、生意参谋数据分析基本框架、店铺常见问题的诊断方法，以及店铺诊断案例分享等内容。通过学习本章，读者可以根据自身店铺的实际情况，结合所学知识对其进行优化，以达到提升店铺销量的目的。

● **本书配套教学资源**

为了方便读者的学习和各院校的教学，北京鹏燊国际科技有限公司的数字化平台提供了本书配套的案例数据、教学微课、PPT 课件、实践与练习的参考答案、自动甄别评价和数字多维可视化分析等服务，其独有的鹏燊数字化平台，运用数字技术通过学员点亮任务知识点和能力点的方式，实现了教学过程的数字化，让教学效果事半功倍。读者可扫描以下二维码，免费在线申请试用，也可以通过鹏燊官方微信咨询获取帮助。

鹏燊国际企业服务号

本书从规划、编写到出版，经历了很长一段时间，并经过成都乐瑞文化传播有限公司的三虎老师的多次修改和完善，最终得以出版。在此，衷心感谢三虎老师和人民邮电出版社对本书给予的大力支持和帮助。

尽管编者在编写过程中精益求精，但由于水平有限，书中难免有不足之处，欢迎广大读者提出宝贵意见和建议，以便后续进行再版修订。本书编辑的联系邮箱为 muguiling@ptpress.com.cn。

宁 静
2022 年 7 月

目 录

第1章 拥抱电商运营的数据时代 1

1.1 数据时代，电商运营人员的路在何方 1
- 1.1.1 电商的现况 1
- 1.1.2 个人开店创业的未来 3
- 1.1.3 淘品牌中的大企业面临的困境 3
- 1.1.4 数据化运营的特点 4
- 1.1.5 电商运营人员应具备的基本能力 4

1.2 为什么要掌握数据化运营方法 4
- 1.2.1 电商商家及运营人员的普遍问题 5
- 1.2.2 数据的应用无处不在 5
- 1.2.3 我们真的读懂数据了吗 6
- 1.2.4 数据化运营的作用 8
- 1.2.5 数据化运营过程 10
- 1.2.6 数据化提高了决策正确率 11
- 1.2.7 数据化运营与传统运营的区别 12
- 1.2.8 数据是新的生产力 12

1.3 实践与练习 13

第2章 数据分析的思维、方法、流程和误区 14

2.1 数据分析的五大思维 14
- 2.1.1 拆分思维 14
- 2.1.2 对比思维 15
- 2.1.3 增维思维 16
- 2.1.4 降维思维 16
- 2.1.5 假设思维 17

2.2 电商数据分析的方法 18
- 2.2.1 对比分析法 18
- 2.2.2 细分分析法 22
- 2.2.3 AB 测试法 24
- 2.2.4 漏斗分析法 24
- 2.2.5 聚类分析法 25

2.3 电商数据分析的基本流程 26

2.3.1　明确目的 …………………………………………………………… 26
　　2.3.2　收集数据 …………………………………………………………… 26
　　2.3.3　整理分析数据 ……………………………………………………… 27
　　2.3.4　提出优化方案 ……………………………………………………… 28
　　2.3.5　实施优化方案 ……………………………………………………… 29

2.4　电商数据分析中的五大误区 ………………………………………………… 30
　　2.4.1　数据是决策的必要条件 …………………………………………… 30
　　2.4.2　数据完全反映了客观事实 ………………………………………… 31
　　2.4.3　数据产生的过程是合乎逻辑的 …………………………………… 31
　　2.4.4　数据不会被误读 …………………………………………………… 32
　　2.4.5　关注数据不会产生副作用 ………………………………………… 32

2.5　实践与练习 …………………………………………………………………… 33

第 3 章　电商数据的收集、转化与展示 …………………………………………… 34

3.1　数据的收集 …………………………………………………………………… 34

3.2　数据转化 ……………………………………………………………………… 37
　　3.2.1　数据转换的重要性 ………………………………………………… 38
　　3.2.2　数据转换的 4 种方式 ……………………………………………… 41

3.3　数据的展示方式 ……………………………………………………………… 45
　　3.3.1　制作数据图表需遵循的 4 个原则 ………………………………… 46
　　3.3.2　常见的图表形式 …………………………………………………… 51

3.4　实践与练习 …………………………………………………………………… 53

第 4 章　电商运营的核心数据指标 ………………………………………………… 54

4.1　流量获取门槛指标——店铺 DSR 动态评分 ………………………………… 55
　　4.1.1　店铺 DSR 动态评分的重要性 ……………………………………… 56
　　4.1.2　服务对店铺 DSR 动态评分的影响 ………………………………… 56

4.2　销售业绩成交路径指标 ……………………………………………………… 57
　　4.2.1　点击率 ……………………………………………………………… 57
　　4.2.2　收藏率和加购率 …………………………………………………… 60

####### 4.2.3 客单价 60
####### 4.2.4 转化率 61
####### 4.2.5 退款率 63

4.3 页面布局分析指标 64
####### 4.3.1 访问深度 64
####### 4.3.2 人均停留时间 64
####### 4.3.3 详情页停留时间 65

4.4 商品分析的指标 65
####### 4.4.1 上架 SPU 数 65
####### 4.4.2 SPU 的平均可分配流量 65
####### 4.4.3 产品销售集中度 66
####### 4.4.4 动销率、库销比 66

4.5 实践与练习 67

第 5 章 生意参谋的市场应用 68

5.1 通过市场大盘把控流量的变化 68
####### 5.1.1 找出流量下滑的原因 68
####### 5.1.2 监控不同阶段的行业数据 69

5.2 中小卖家如何制定销售目标 76
####### 5.2.1 中小卖家销售目标的制定 76
####### 5.2.2 TOP500 卖家数据的获取方式 78

5.3 把握时机，成功打造爆款 81
####### 5.3.1 找寻恰当的入市时机 82
####### 5.3.2 规划店铺品类的运营节奏 83
####### 5.3.3 时刻关注竞争商家进入市场的时间与节奏 86

5.4 需求量决定爆款的爆发力 88
####### 5.4.1 市场容量大小 88
####### 5.4.2 根据属性需求规划爆款 90

5.5 如何检验自身产品的潜力 93
####### 5.5.1 产品的增长趋势 94

5.5.2	转化率的稳定性	95
5.5.3	良好的流量结构	95
5.5.4	同款产品的销量	96

5.6 定价 98
  5.6.1 通过定价选择合适的人群 98
  5.6.2 整体市场价格的竞争分析 98
  5.6.3 细分市场的价格分布 100
  5.6.4 价格区间对应的平台流量结构 101

5.7 更新迭代，做好备货深度思考 103

5.8 实践与练习 105

第 6 章　通过市场数据分析挖掘蓝海市场 106

6.1 市场数据分析的目的 106

6.2 挖掘蓝海市场 109
  6.2.1 在市场中选择合适的类目 109
  6.2.2 观察最近 3 年的市场增长情况，寻找市场增长点 110
  6.2.3 如何判断类目市场的可操作空间 111
  6.2.4 市场是否具有明显的季节性 112
  6.2.5 了解产品特性 113
  6.2.6 产品各年重叠度分析 115
  6.2.7 数据的收集 116

6.3 分析市场数据时不要被数据所误导 118
  6.3.1 分析沙发垫市场的容量 119
  6.3.2 分析沙发垫市场近 3 年的销售情况 119
  6.3.3 分析沙发垫市场不同材质的销售情况 120
  6.3.4 沙发垫风格的选择 121

6.4 选择具有可操作性的类目 122
  6.4.1 锁定目标类目 122
  6.4.2 类目分配分析 123
  6.4.3 市场垄断分析 125
  6.4.4 真实卖家分析 125

6.4.5 流量价值分析 126
6.4.6 核心指标分析 128
6.4.7 销量基础分析 128
6.4.8 价格层分析 131

6.5 如何根据市场数据做好品类规划 132
6.5.1 店铺销售破局要做好品类规划 132
6.5.2 品类规划分解 133
6.5.3 不同品类的品牌市场格局 134
6.5.4 品类细分市场拓展分析 136
6.5.5 做好年度目标增长规划 148

6.6 实践与练习 149

第 7 章 用数据解析平台流量 150

7.1 如何打造店铺流量 150
7.1.1 店铺流量运营的实际操作 150
7.1.2 产品爆发的关键因素 152
7.1.3 把控获取流量的市场节点 154

7.2 从商业本质的角度思考搜索引擎变化 161
7.2.1 如何看待搜索流量 162
7.2.2 从商业本质的角度解读搜索引擎 163
7.2.3 卖方市场向买方市场的转变 163
7.2.4 平台如何获取更大利益 164

7.3 搜索引擎的排名和权重解析 166
7.3.1 搜索引擎排名解析新思路 166
7.3.2 排名的权重指标 168
7.3.3 搜索权重更新速度加快的影响 169

7.4 七天螺旋为什么会失效 170
7.4.1 销量权重不重要了吗 170
7.4.2 为什么七天螺旋有时有效有时无效 171

7.5 淘宝标签化流量解析 172
7.5.1 标签化的作用 172

7.5.2　标签化的形成过程 173

7.6　手淘首页流量的获取 176
　　7.6.1　手淘首页的流量入口 176
　　7.6.2　手淘流量的呈现 177
　　7.6.3　产品是否出现在"达人"快选池 177
　　7.6.4　内容运营市场报名须知 180

7.7　单品搜索起爆规划分析 181
　　7.7.1　数据分析思维在打造爆款中的运用 181
　　7.7.2　搜索排位权重影响对竞品的选择 181
　　7.7.3　收集竞争对手的数据及注意事项 182
　　7.7.4　起爆产品的选择 184
　　7.7.5　制作产品起爆规划表 187

7.8　实践与练习 191

第 8 章　店铺诊断 192

8.1　店铺诊断的常规问题解决思路 192
　　8.1.1　店铺没有流量 192
　　8.1.2　有展现量没有点击量 193
　　8.1.3　有流量没有成交量 193
　　8.1.4　有咨询量没有成交量 194

8.2　生意参谋数据分析基本框架 194

8.3　店铺常见问题的诊断 199
　　8.3.1　DSR 评分诊断 199
　　8.3.2　店铺基础服务指标诊断 201
　　8.3.3　产品规划诊断 203
　　8.3.4　页面相关数据指标的诊断 205
　　8.3.5　流量数据指标的诊断 207

8.4　店铺诊断案例分享 210

8.5　实践与练习 221

第 1 章

拥抱电商运营的数据时代

经过 20 多年的发展,电商运营已经从最初的粗放型运营中走了出来,逐渐变得精细化、专业化,最直接的体现就在于运营决策中大量数据的使用,如流量数据、用户数据、销售数据和推广数据等。从这些数据中,电商运营人员可以提炼出很多非常有用的信息,如哪些产品应增加或减少产量,哪些地区应增加或减少广告投放,哪些人群更喜欢哪类产品,等等。这些信息为电商运营人员在决策过程中指明了方向,有助于节约成本、创造利润。

不管电商运营人员愿不愿意,数据时代都已经呼啸而来。电商运营人员如果不去了解数据、使用数据,让数据成为自身运营决策的核心动力,恐怕就会被时代所抛弃,被同行所超越。只有掌握数据,才能赢得未来。

1.1 数据时代,电商运营人员的路在何方

度过了电商的发展红利期以后,很多电商运营人员感觉经营越来越难,竞争越来越大,既看不清电商发展的方向,也找不到自己发展的道路。的确,如果对市场环境没有全局性的把握,很容易对未来产生迷茫的感觉,这对企业经营而言无疑是非常不利的。因此,这里有必要对当下的电商大环境进行详细的介绍,并对数据分析在电商运营中的作用进行剖析。

1.1.1 电商的现况

经过多年的快速发展,电商红利期已过,电商商家轻松获利的可能性也越来越小,目前电商商家大多面临着以下问题。

1. 平台竞争激烈

除了淘宝、京东、拼多多三大主流电商平台之外，唯品会、抖音、快手等平台纷纷加入电商行业，试图慢慢地瓜分电商市场。流量的分散导致电商商家不得不布局更多的渠道线，这需要电商运营人员掌握不同平台的运营技能，也给电商运营人员提出了更高的要求。而众多平台的加入，使电商行业的竞争越来越激烈。

2. 流量越来越贵

随着平台自身的成熟，平台自身也逐渐接近流量的天花板，再加上各平台之间的流量争夺日趋激烈，且淘宝、天猫等平台积累的商家数量越来越庞大，导致商家获取流量的成本逐步提升，流量红利期也与我们渐行渐远。

3. 线下大品牌冲击

越来越多的消费者选择了网购，这让越来越多的线下大品牌意识到线上渠道的便利性优势及线上直销的成本优势，使其产品在线上的价格有了更大的可控空间，从而加强了线上销售的布局。同时，也给普通电商商家甚至是淘品牌带来巨大的冲击：在电商各大类目TOP10榜单中，我们看到淘品牌的身影越来越少。

4. 产品定位需更精准

随着获取流量的难度和成本的增加，流量的精准获取变得更为重要，于是电商平台推出了"人群标签化"功能。要精准地找到目标人群，店铺产品的定位就要更加精准，而不能想卖什么就卖什么。

5. 要求提升用户体验

好的用户体验是商家留存用户的关键要素，而商家留存用户的能力会直接影响平台留存用户的能力，因此平台对用户体验的各项指标的要求也越来越高。

6. 电商运营人才的匮乏

早期的很多电商商家由于赶上了发展红利期，再加上行业环境、电商机制等的不完善，因而快速取得成功。很多电商运营人员偏向于用技巧等手段来快速获得收益，这导致电商运营人员在自身能力的沉淀上不怎么下功夫。而随着电商环境越来越成熟，很多商家因面临竞争压力而急需转型——从原来的粗放型运营转为精细化运营，在这个过程中，相应的人才异常匮乏。

通过对以上6个方面的电商问题进行分析，我们不难看出电商机制已进入完善期，电商行业的竞争也越来越激烈，这对电商从业人员，特别是电商运营人员提出了更高的要求。

1.1.2 个人开店创业的未来

互联网时代是一个为个人提供舞台的时代。一些电商平台或培训机构，为了吸引更多人来开店或报名学习，总会把小部分人的成功，尤其是那些幸运儿的故事拿出来大肆渲染，让你兴奋地以为自己将是下一个成功者；而对绝大多数失败退场的人，他们往往闭口不提。

在早期，竞争商家少、平台漏洞多，给了很多先入场的人一些机会。但是随着市场的成熟，很多早期获利较多的人在不重视企业核心建设的情况下，最终还是败给了竞争对手。

所以，人人都可以开店创业的黄金时代已经过去。当然这句话并不是在排斥所有个人创业者，而是希望大家在创业过程中，能够认清自己的优劣势，审时度势，充分了解市场。而对于一些无资金、无货源、无团队、无技术的创业群体而言，他们在未来将会慢慢地退出电商创业的舞台。

由此可见，现在大多数电商从业人员仅依靠以前所学的电商知识是远远不够的，如果只懂皮毛而不深入学习，只懂得写标题而不与时俱进、加强学习，最后可能连电商运营方面的工作都难以胜任。

1.1.3 淘品牌中的大企业面临的困境

在淘品牌中，大企业面临的最大困境往往是转型危机，主要体现在以下几点。

（1）线下大品牌的冲击。

（2）同类产品竞争激烈，价格战不断，难以找准自己的调性、定位。

（3）提升用户体验迫在眉睫。

（4）团队协作能力不强。

（5）纯粹为了销售而销售，缺少对组织结构及流程的管理。

淘品牌中的大企业未来不仅要从粗放型运营向精细化运营过渡，而且要坚持走精细化运营路线，那么这就要求运营人员通过数据来掌控运营细节和决策方向。因此，数据化运营人才是未来企业决胜的关键。

而目前的不少运营人员只懂直通车、打造爆款，不懂管理、商品库存、流程机制改造，无法正确地解读数据并将数据应用于运营决策。这类运营人员最终会在企业转型的浪潮中被淘汰。

虽然现在市场上有很多电商培训机构，但这些短期培训机构往往只注重操作技巧方面的知识讲解，而不注重运营思维、基本技能和数据分析与运营能力的培养。为此，本书旨在教会大家通过数据分析来帮助企业做出正确决策,让企业真正实现从粗放型运营转变为精细化运营。

1.1.4 数据化运营的特点

数据化运营是指电商运营人员从数据的角度或用数据的方法来提高业务效率,从而达到运营目标、实现业务增长。

近几年来,数据化运营逐渐被各大平台所重视,特别是在跨平台运营中,数据化运营的重要性更是日益凸显。

与传统运营模式相比,数据化运营具有以下特点:

(1)数据化运营更注重对整体运营的全方位思考;

(2)数据化运营更注重对数据信息的处理和分析能力;

(3)数据化运营更注重对各岗位职能的方向性思考与辅助。

1.1.5 电商运营人员应具备的基本能力

在竞争日益激烈的电商行业中,精细化运营已成为一种发展趋势。为此,电商企业应该学会利用数据驱动运营、提高运营效率,电商运营人员应具备以下基本能力。

(1)多样化的业务能力。

(2)挖掘数据背后的业务本质问题的洞察能力。比如,在转化率发生变化后,分析其变化是临时性波动导致的,还是受到了行业大盘的影响;是竞争对手的动作导致的,还是渠道流量结构发生变化导致的;是人群结构变化导致的,还是商品结构变化导致的。

(3)企业运营的流程化管理能力。

(4)团队沟通能力和问题诊断能力。

(5)将信息和数据化零为整的能力。

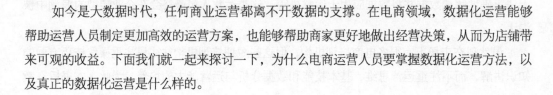

1.2 为什么要掌握数据化运营方法

如今是大数据时代,任何商业运营都离不开数据的支撑。在电商领域,数据化运营能够帮助运营人员制定更加高效的运营方案,也能够帮助商家更好地做出经营决策,从而为店铺带来可观的收益。下面我们就一起来探讨一下,为什么电商运营人员要掌握数据化运营方法,以及真正的数据化运营是什么样的。

1.2.1 电商商家及运营人员的普遍问题

在店铺运营过程中，电商商家及运营人员普遍面临3个问题，如图1-1所示。

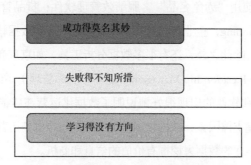

图1-1 电商商家及运营人员面临的问题

1. 成功得莫名其妙

有很多店铺虽然在一段时间内非常火爆，销量也非常高，但商家并不知道自己店铺的生意为什么这么火爆，也不知道自己店铺的产品为什么卖得这么好。这样的成功对于商家来说是没有底气的。如果商家不弄清楚店铺产品热销的原因，那店铺生意火爆的局面必然不会持续太久。

2. 失败得不知所措

很多商家不仅不知道自己成功的原因，也不知道自己失败的原因。如果成功时商家不能总结出相关经验，失败时商家也不能及时找出问题，那么他们必将再一次面临失败。

3. 学习得没有方向

很多从业人员在店铺运营过程中面临的最大的问题就是学习得没有方向。很多人在学习店铺运营的知识的过程中，往往学着学着就忘记了。因为他们所学的这些店铺运营知识并不是自己的，他们在学习过程中不注重知识的积累，缺乏自己的思考和实践，没有将这些知识真正转变为自己的东西，所以，他们往往在学过这些知识后就忘记了。

1.2.2 数据的应用无处不在

在店铺运营过程中，数据的应用是无处不在的。这里的运营不是指单纯的店铺业绩运营，而是指业务运营，包括客服、视觉效果、新媒体、打包发货、仓储等多方面的运营。比如，打包发货并不是随随便便将货物打包，贴上快递单，再发出去就可以了。商家需要思考如何降低发货的错误率、快递的回转率，如何加快打包的速度等一系列问题，并提前做好运营规划。

不同的业务板块会产生很多不同的运营数据。所以，为了更好地进行店铺各项业务的运营，商家和运营人员需要使用不同的店铺管理软件，帮助自己进行运营数据的监测和分析。比如，客服管理人员会使用"赤兔名品"客服绩效管理软件；货品管理人员可能会使用ERP（Enterprise Resource Planning，企业资源计划）系统软件；店铺数据管理人员可能会使用"生意参谋"数据分析工具。除此之外，还有很多数据分析工具，如京东商智、情报通、创客工具箱以及CRM（Customer Relationship Management，客户关系管理）系统等。

众多数据分析工具和软件的出现很好地说明了数据化运营在店铺运营中的重要性。数据是管理者做出决策的关键支撑因素，数据化运营能力更是当今电商运营人员必备的一种能力，因为商家需要通过无处不在的数据去挖掘有价值的信息和商机。

1.2.3 我们真的读懂数据了吗

下面通过两个案例来讲解数据化运营在线上店铺运营中的应用。

【案例1】某产品的标题关键词优化数据分析应用

很多人的数据信息分析和洞察能力比较差，他们在分析的过程中甚至会出现一些失误，这很有可能使决策的方向出现偏差。比如，某产品的标题关键词优化分析如图1-2所示。

类目词	关键词	访客数	销量	转化率	延伸关键词数
摩斯斐格	*摩斯斐格*	260	7	2.69%	39
新款	*新款*	24	2	8.33%	17
男	*男*	5961	308	5.17%	361
男士	*男士*	2019	127	6.29%	127
手拿包	*手拿包*	1110	100	9.01%	102
手包	*手包*	3560	201	5.65%	183
商务	商务*	314	7	2.23%	78
软	**软*	51	3	5.88%	24
牛皮	*牛皮*	100	4	4.00%	60
大容量	*大容量*	77	2	2.60%	36
双拉链	*双拉链*	92	2	2.17%	42

图1-2 某产品的标题关键词优化分析

通过对该产品的标题关键词进行分解，并对标题中每个关键词的相关数据进行分析，我们可以得出以下5个结论。

（1）从整体数据来看，该产品的类目词（如手拿包、手包）在流量获取和转化率等方面的数据表现都比较好，那么我们首先可以明确的就是该产品是一个不错的产品；其次，该产品能够获得这么多流量,说明其本身具有一定的权重。

(2)虽然产品具有一定的权重,而且"新款""软""牛皮"等词根的转化率也不低,但这些词根的流量很少,这就需要我们进一步对这几个词的搜索指数及可以关联的关键词进行分析。如果早期是为了减少竞争而以这些低流量词作为主推词,那么在产品成熟阶段,我们可以逐渐将这些引流能力较差的关键词替换掉。

(3)"牛皮"这个词根能够产生60个延伸关键词,如果该词根的展现量不错,这个时候就要考虑是否需要通过直通车来提高该词根的数据权重,从而利用由该词根延伸的关键词获取流量。

(4)对于转化率较低的词根,可以先进行调换处理。

(5)该产品的品牌词"摩斯斐格"流量比较少,所以这时需要判断该品牌词在运营中的整体作用。如果店铺中所有产品的品牌词都没有什么流量,那么这时候就没有必要坚持用品牌词吸引流量了。

一般而言,大多数数据分析人员只能从上述标题关键词优化分析中提炼出1~2个结论,很难将所有的结论提炼出来。因为数据的延伸性极强,一个数据往往可以传递出很多信息,而数据分析人员很难面面俱到,只能根据自己的分析目的,尽可能地从中提取最有价值、对经营决策最有帮助的信息。

【案例2】某店铺市场运营节点分析应用

某童装店铺为了更好地规划季节性产品的市场运营节奏,对接下来的春季童装做好布局,因此从店铺后台获取了以下"搜索人气"数据趋势图(见图1-3)。从这张图中我们可以解读出如下几个关键的信息。

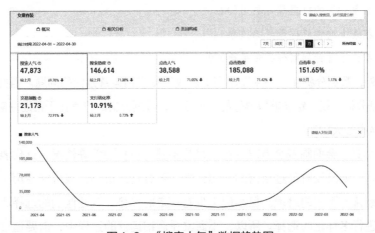

图1-3 "搜索人气"数据趋势图

（1）从数据来看，童装春款市场的起步运作时间从 2021 年 11 月就开始了。

（2）童装春款经过 2021 年 11 月和 12 月的基础累积，到 2022 年的 1 月开始快速增长，到 3 月份达到高峰期。

（3）4 月份整个市场会有非常快速的下滑，3 月份春装就要开始进入清仓启动阶段。

（4）搜索人气值的高低及转化率代表了市场需求的规模大小。

（5）从 2021 年 4 月和 2022 年 4 月的数据对比来看，2022 年整体市场明显比 2021 年下滑比较大的幅度。

1.2.4 数据化运营的作用

数据化运营无论是对小商家、大商家，还是运营人员，都具有非常重要的意义。它可以为小商家保驾护航，使大商家如虎添翼，让运营人员提升业务技能，为店铺或企业的运营决策提供依据。

1. 为小商家保驾护航

很多人都觉得数据化运营对于小商家来说没有用，其实不然，小商家在市场选择、产品选择、产品定价、竞争对手分析等诸多方面也时常需要与数据打交道。

通常，小商家进行数据分析是为了解决以下几个问题。

- 选择什么市场更容易赚钱？
- 选择什么产品能够热卖？
- 产品怎样定价能使流量更多、盈利更多？
- 哪些竞争对手的数据是可利用的？
- 如何花最少的钱取得最好的效果？
- 怎样制订运营计划取得的效果最好？

除此之外，数据分析还能够帮助小商家解决很多店铺运营方面的问题。但并不是说小商家进行了数据分析，就一定能够取得好的运营成绩，数据分析的价值在于帮助商家尽最大的努力去做成功概率最大的选择。

通常，小商家会面临资金有限、竞争优势不强、单打独斗等情况，这代表他们的试错成本会比较高。如果没有经过缜密的数据分析，随意进入市场，很可能经历一次失败，店铺就会面临经营不下去的窘境。但小商家也有一定的优势，就是他们的选择比较灵活，能够很方便地进行多样化的选择。所以，小商家在店铺运营的过程中，需要通过数据分析来帮助自己选择最有可能成功的运营方向和方法,这样才能将钱花在刀刃上,从而实现利益最大化。

2. 使大商家如虎添翼

数据化运营对大商家来说如虎添翼。随着市场竞争日益激烈,越来越多的大商家开始意识到数据化运营、精细化运营的价值。

大商家一般拥有较多项目,店铺情况错综复杂,而且往往面临着资金投入大、产品线长等问题。所以,大商家需要通过数据分析将店铺运营工作细化,从而节约运营成本。比如,某大型电商商家一年的广告费就是几百万元,而该商家的运营人员通过精细的数据化运营,帮助商家有效提升了推广效果,从而为商家节约了几十万元的广告投入,这就是数据化运营的价值所在。

大商家通过数据化运营可以切入的方面很多,比如通过数据化运营可以解决以下几个问题。

- 如何清晰地了解企业的运营问题?
- 如何减少成本浪费?
- 如何挖掘新的商机?
- 如何提高团队运营效率?
- 如何管控产品流动链路?

所以,数据化运营是能够帮助大商家实现可持续发展的利器,能够使大商家在店铺运营的道路上走得更远、走得更稳。

3. 让运营人员提升业务技能

数据化运营还能够帮助运营人员提升运营技能,获得更高的薪酬。当前,大部分运营人员面临着运营手段单一、缺乏规划统筹的能力、解决问题的思路不清晰、偏向于流量运营等问题。大部分人做运营的时候,往往只会思考一个点,那就是怎么获取流量。其实,运营人员在运营店铺的时候,不能只看单一的问题,而需要借助数据化分析手段来解决更多的店铺运营问题。比如,运营人员可以利用数据化运营来思考并解决以下问题。

- 业绩不佳怎么办?
- 流量不多怎么办?
- 转化率不高怎么办?
- 产品不行怎么办?

- 运营资金有限怎么办?
- 目标规划不会做怎么办?

以上问题都可以通过数据化运营得到解决。在进行店铺运营时,运营人员不能只思考流量这一个方面的问题,并且在面对问题时,运营人员也不能只依靠单一的手段和方式来解决。

4. 为店铺或企业的运营决策提供依据

店主或企业管理者在做店铺运营或企业运营时要心中有数,尤其在做运营决策时,要以客观、真实的数据作为依据,这样才能保证运营决策的正确性和可行性。而数字化运营可以帮助店主或企业管理者做出以下正确判断。

- 运营人员制订的计划是否靠谱?
- 运营人员申请的资金和推广费用合不合理?
- 运营人员确定的销售目标可不可行?
- 运营人员是否能够胜任本职工作?

1.2.5 数据化运营过程

数据化运营过程大致分为3个阶段(见图1-4):第一阶段是运营工作的各种行为;第二阶段是消费者因运营行为产生各种数据;第三阶段是从一堆数据中找到解决问题的方向。

图1-4 数据化运营过程

运营工作包含了各种各样的店铺业务,如图1-5所示。小到标题优化,大到市场分析和店铺定位,都属于店铺运营工作的范畴。在数据化运营的第一阶段,运营人员产生相应的运营行为;在第二阶段,消费者会因这些运营行为产生各种数据,这些数据会传递很多信息,但是大多数人看不懂这些数据;这时,也就是在第三阶段,运营人员就需要通过分析思维和图表化的方式从这些密密麻麻的数据中提炼出有用的信息,并利用

图1-5 运营工作中的各种业务

这些信息来寻找解决问题的方向。这就是数据化运营的过程。

1.2.6　数据化提高了决策正确率

所有的运营行为最终都会被记录成数据。从数据出发，发现店铺运营的问题，并为下一步的运营工作提供指导方向，是运营人员最核心的能力之一。

数据化运营的应用主要体现在 4 个方面，即做预测、做总结、找问题、定方向；而数据化运营的目标则是提高效率、降低成本、控制风险，如图 1-6 所示。

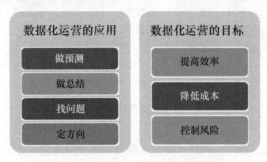

图 1-6　数据化运营的应用和目标

例如，某店铺运营人员利用数据化运营思维制作了一份精细化的品牌规划表，如图 1-7 所示。在该品牌规划中，运营人员利用数据化运营思维对店铺的运营任务进行拆解，并将其分配到不同的时间节点中。通过对每一个时间节点的把控，店铺运营的执行人员就能很清楚地知道在每一个时间节点该做什么事情。

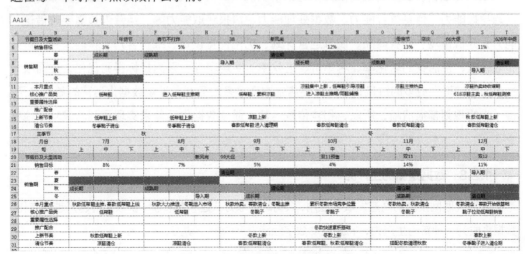

图 1-7　某店铺的精细化品牌规划表

1.2.7 数据化运营与传统运营的区别

数据化运营与传统运营存在一定的区别,主要体现在它们实现盈利的路径和方法不一样,如图1-8所示。

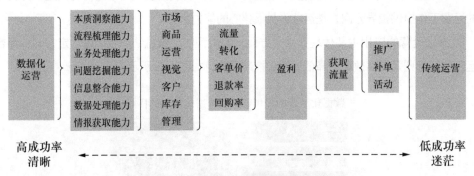

图1-8 数据化运营与传统运营的区别

传统运营主要是通过推广、补单、活动3种方式来获取流量,进而实现盈利的。传统运营的所有想法都集中在获取流量上,所以早期的运营思想就是"流量为王"。但是流量的获取往往需要考虑多种因素,比如市场、商品、价格、竞争对手以及平台的机制等,因为平台的流量排位是多种因素的综合体现。如果不能有效把控这些因素,商家就只能依靠推广、补单、活动来获取流量,这样获取的流量就很有限,所以,通过传统运营来实现盈利的成功率很低。

数据化运营涉及多种运营能力,包括本质洞察能力、流程梳理能力、业务处理能力、问题挖掘能力、信息整合能力、数据处理能力、情报获取能力等。运营人员需要凭借这些能力去分析市场、寻找商品、制订运营计划、优化视觉设计、维护客户、管理库存、做好企业管理,使店铺的转化率、客单价、退款率、回购率等一系列指标得到优化,进而吸引平台为店铺提供更多的流量,最终促使店铺实现更多的盈利。纵观数据化运营的盈利路径,每一步的规划都很清晰,所以,相较传统运营,通过数据化运营来实现盈利的成功率往往更高。

1.2.8 数据是新的生产力

随着互联网技术的高速发展与应用,数据的获取方式越来越便捷,获取渠道越来越多样化。数据将成为一种新的生产力,将是驱动数字经济发展的核心动力。

为什么电商平台上有一些产品始终做不起来呢?因为有些商家在看到某一款产品火起来以后,就去"复制"这款产品,这样就导致平台上会出现大量同质化的产品。但平台并不希望销售大量同质化的产品,于是会将流量向"最优秀"的这款产品倾斜,从而弱化其他同类产品在平台上的竞争力。

1.3 实践与练习

1. 电商时代,数据化运营为何变得如此重要?
2. 请列举在生活或工作中利用数据做决策的例子。

第 2 章

数据分析的思维、方法、流程和误区

作为一名电商运营人员，要做好数据化运营，就必须掌握数据分析的思维、方法，熟悉数据分析的基本流程，还需要了解数据分析中存在的误区。而数据化运营思维就是数据思维＋商业思维。数据思维是以数据为依据，以结果为导向的思维；商业思维则是根据数据背后的信息做出决策的思维。

电商数据分析就是利用各种数据统计分析方法，对所收集的各类电商数据进行整理、汇总、处理和分析，再从中提炼出有用的信息并加以研究和概括总结的过程。

然而，在数据分析的过程中，我们不能迷信数据，必须客观地看待数据，防止掉入数据的误区。

2.1 数据分析的五大思维

思维是贯穿数据分析的核心，而数据是运营的眼睛，但是数据分析不局限于数据，广义地说，数据应该被叫作信息。数据分析共有五大思维：①拆分思维；②对比思维；③增维思维；④降维思维；⑤假设思维。我们可以用数据分析的五大思维来分析信息，而且对于很多的信息，能够量化的就一定要量化。只有通过量化，我们才能够找到相应的规律，根据规律来完成分析、决策。

数据分析的五大思维对于数据运营人员来说是十分重要的，通过本节的学习，希望读者能够把这五大思维运用到数据分析的实际过程中，并在此基础上理解后面的案例分析。同时，灵活地掌握其中的分析思路并辨别数据误区，这也是数据化运营的一门必修课。

2.1.1 拆分思维

拆分思维是指对数据指标进行分解的一种数据分析思维。例如，已知"销售额＝成交用

户数 × 客单价"和"成交用户数 = 访客数 × 转化率",那么运用拆分思维对销售额这一数据指标进行分析的过程就如图 2-1 所示。

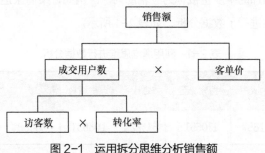

图 2-1 运用拆分思维分析销售额

经过拆分,数据之间的逻辑关系会变得更清晰,这也更有利于分析人员理解和分析数据。

2.1.2 对比思维

对比思维是数据分析中的基本思维。它在电商领域也得到了广泛的应用,其常被应用于选品、测款、店铺诊断等数据分析中,如果不对这些数据进行对比,运营人员就无法从中获取有用的信息。图 2-2 所示为 A、B 两个销售同类产品的店铺 2 月的销量对比。通过对比我们发现 A 店铺的销量接近 B 店铺销量的 2 倍,这说明了 B 店铺存在一些不足之处,B 店铺的运营人员可以进一步分析 A 店铺产品规划、店铺活动、主图设计等店铺运营的细节,然后对自己的店铺进行有针对性的优化。

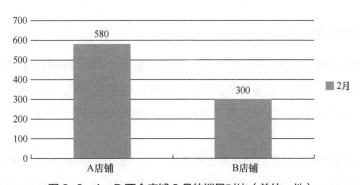

图 2-2 A、B 两个店铺 2 月的销量对比(单位:件)

2.1.3 增维思维

增维思维是指增加多个维度的数据指标来帮助自己进行数据分析的一种思维。增维就是将简单数据多元化，增加的维度也被称为"辅助列"。例如，某商家运用增维思维对市场上销售的连衣裙类目的产品进行了数据分析，如表2-1所示。

表2-1 利用增维思维进行数据分析

序号	关键词	搜索人气	搜索指数	占比	点击指数	商城点击占比	点击率	当前产品数
1	连衣裙女	391857	1106515	61.22%	106631	41.08%	56.19%	11724
2	A字裙显瘦	291759	639156	6.35%	66278	34.85%	56.25%	322570
3	沙滩裙中长款	7899	89825	2.19%	53511	32.11%	41.26%	360382
4	韩版短裙	4610	53798	1.42%	4257	29.02%	39.41%	345709
5	半身裙	3918	51766	1.13%	3451	27.56%	35.87%	92824

利用增维思维我们可以发现，搜索指数和当前产品数是两个独立的数据指标，前者表示市场需求，而后者表示市场竞争情况。数据分析人员可以借助简单的公式：**搜索指数÷当前产品数＝倍数（倍数表示市场竞争的激烈程度）**，通过分析倍数来判断当前的市场竞争情况。

2.1.4 降维思维

降维思维是指将复杂数据简单化，提炼核心数据进行数据分析的一种思维。很多数据分析人员在面对一大堆维度众多的数据时，常常会显得束手无策，不知从何下手。其实在分析数据时，不需要对每个维度的数据进行分析，选择部分具有代表意义的数据进行分析即可。

例如，运用降维思维对产品销售额进行数据分析，如表2-2所示。已知与产品销售有密切关系的核心数据指标有访客数、成交用户数、客单价及转化率等，这时商家就可以将关联度不高的数据排除，只对核心数据进行分析。

表 2-2 运用降维思维对产品销售额进行数据分析

日期	浏览量	访客数	访问深度	销售额	销售量	订单数	成交用户数	客单价	转化率
2020/5/1	2584	957	3.5	9045	96	80	67	135	7%
2020/5/2	3625	1450	4.1	9570	125	104	87	110	6%
2020/5/3	2572	1286	2.8	12780	130	108	90	142	7%
2020/5/4	4125	1650	1.9	15345	143	119	99	155	6%
2020/5/5	3699	1233	3.6	8362	107	89	74	113	6%
2020/5/6	4115	1286	2.2	14040	130	108	90	156	7%
2020/5/7	6582	1763	2.9	22755	185	142	123	185	7%

增维思维和降维思维是相辅相成的。数据分析人员在充分掌握两者的运用规律后，可以结合实际灵活运用，有目的地开展数据分析和转换运算。

2.1.5 假设思维

假设思维是指通过逆向思维进行推导，如根据结果推导原因。在实际的数据分析过程中，对于把握度不高的数据，数据分析人员可以采用假设的方式来处理，即先假设一个结果，然后运用逆向思维来倒推，一步步抽丝剥茧，最终找到最佳的解决方案，以达到数据分析和推理的目的。

在电商数据分析过程中，按照时间顺序，我们可以将数据细分为3类，即历史数据、当前数据和预测数据。（注：并非真正意义上的数据类型。）

- 历史数据是指过去已经产生的数据，其主要用于总结、对照和提炼有用信息。例如，店铺的历史运营数据、退款数据、订单数据等。
- 当前数据是以时间单位而定的数据，主要用于及时了解店铺运营现状、发现问题，如当日的成交转化率。单一的数据的参考价值不大，所以当前数据往往需要与历史数据进行对比、分析。
- 预测数据是指还没有产生的未来数据，需要通过预测才能够得到，主要用于预测、识别经营风险，及时做好相关的运营和优化工作。比如，店铺参加活动的营销成本预算、销售额预测、店铺规划等。预测数据会受到很多因素的影响，实际结果和预测结果可能会存在一定的偏差，所以预测数据仅作为参考数据使用。

以上3类数据是单向流动的——从预测数据变成当前数据，再变成历史数据。因此，数据分析人员需要针对电商运营在不同阶段产生的相关数据，开展更为有效的数据分析工作。

2.2 电商数据分析的方法

在进行电商数据分析的过程中，数据分析人员不仅要用建模的思维来开展电商数据分析，还要掌握一些科学的数据分析方法，这样才能更加全面、精准地分析数据。下面为大家介绍几个常用的电商数据分析方法。

2.2.1 对比分析法

对比分析法是指将两个或两个以上相关联的数据指标进行对比，分析它们之间的差异，以此来揭示数据内部规律的一种分析方法。对比分析法的特点在于可以精准、量化地展示出对比数据之间所存在的差异。

在进行日常店铺分析的时候，我们主要通过4种方式进行数据对比。

1. 与行业进行对比分析

我们先来看一组数据，图2-3所示为某店铺、竞店与行业的月销售额增长率的对比。市场处于增长期，市场行业大盘的销售额增长率为50%，而该店铺的增长率只有20%，竞店的增长率则高达60%，这意味着该店铺拉低了行业整体水平，且该店铺还存在一些问题，亟待解决。

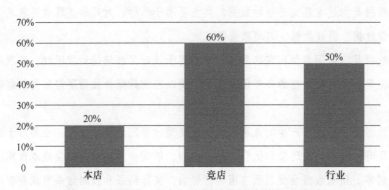

图2-3　某店铺、竞店与行业的月销售额增长率的对比

> **提示**
>
> 根据淘宝的平台流量分配规则，平台会更愿意给那些能够带动行业 50% 以上业绩发展的商家更多的流量支持，而会减少那些低于行业平均业绩水平的商家的流量。所以商家在市场上升期时，要关注市场的增长率，而在市场下滑期时，则要关注店铺的下滑幅度。

2. 与竞争对手进行对比分析

在与竞争对手进行对比分析的过程中，一定要注意对竞争对手的选择。

（1）与同行同类竞争对手对比。

同行同类竞争对手指的是跟我们产生直接消费者竞争的对手。比如，客单价是 100 元，那么客单价 20 元的就不是我们要对比的对象。再如，本店卖的是复古风格的女装，那么卖韩式风格的女装的商家就不是对比对象。所以，选择同行同类竞争对手时，要保证目标人群和产品相同或相似。

（2）与行业标杆学习对象对比。

行业标杆学习对象指的是在某个方面做得比我们优秀，值得我们学习的对象。比如他们的详情页做得比我们好，那我们要学习他们的详情页的排版逻辑、文案策划、图片取景、构图、拍摄角度等。

观察行业标杆型的店铺，可以发现他们的产品价格带分布得非常广泛，而本店的价格带则非常少，如图 2-4 所示。这也在某个层面上限制了店铺业绩的突破。因此，我们可以适当地针对目标人群和产品扩宽店铺产品线的价格带。

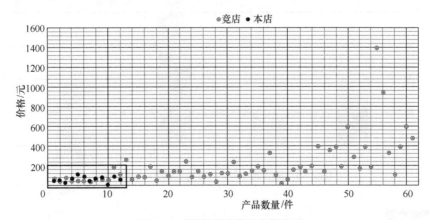

图 2-4　店铺的价格带分布散点图

因此，我们只有通过与行业标杆学习对象对比，在某个方面或者多个方面学习并超越对手，才能够真正在市场上占据一席之地。

3. 与历史数据进行对比分析

在某些情况下,我们看不到对手的数据,那该怎么呢?这时我们就要和自己的过去(历史数据)进行对比,通过对比了解我们是否有所进步。与过去对比通常有环比和同比两种方式。

(1)环比。

环比是指当前数据与上一周期的数据的对比。比如,某店铺2021年10月的销售额为100万元,9月的销售额为50万元,那10月与9月的销售额对比就是环比增长100%,计算式为(100-50)÷50×100%=100%。

(2)同比。

同比是指当前数据与去年同一时期的数据的对比。比如,某店铺2021年10月的销售额为100万元,2020年10月的销售额为200万元,也就是说2021年10月的销售额同比下降50%,计算式为(100-200)÷200×100%=-50%。

从图2-5所示的销售数据(单位:万元)来看,出现上述情况的原因可能有两种:一种是该店铺2021年的运营策略做了大调整,导致了业绩的下滑;另一种可能是市场环境发生了大的变化。

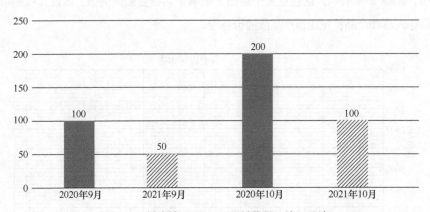

图2-5 某店铺9月、10月销售额环比和同比

名师点拨

对比分析可以帮助我们梳理出存在的问题,并针对具体问题找到解决方法。

4. 与既定目标进行对比分析

与既定目标进行对比分析，既是为了帮助我们及时调整运营策略从而达到目标，也是为了复盘自己哪些方面存在不足，从而为后续工作做好充足的准备。

例如，我们 10 月制定的目标销售额是 100 万元，细分下来的目标流量是 100 万，目标转化率是 1%，客单价为 100 元。通过与既定的目标对比（见表 2-3），我们发现：100 万的流量实现了，1% 的转化率也实现了；但销售额只有 80 万元，客单价只有 80 元，分别比目标值少了 20 万元、20 元。

表 2-3　与既定目标进行对比的数据

对比项目	目标值	实际完成
销售额	100 万元	80 万元
流量	100 万	100 万
转化率	1%	1%
客单价	100 元 / 件	80 元 / 件

出现这种情况的原因是为了拉动转化率，店铺采取了过度的让利促销措施，最终导致了店铺客单价低于预期。

通过以上 4 种对比方式，我们可以挖掘出很多运营过程中的问题，进而解决问题。

5. 对比分析的注意事项

在进行数据对比的过程中，我们还要考虑对比指标之间的可比性。如果对比指标之间不存在可比性，那就失去了对比的意义，所以在做对比分析时应该注意以下 3 个方面。

（1）同层次。

我们在分析转化率的时候，经常将一些在市场上已经卖得很火爆的产品，或者一些品牌店铺的转化率作为参考，其实这是不恰当的。因为爆款产品和品牌店铺都有它们自身的特点，它们本身就有很高的市场占有率，流量也很大，而一般的产品和店铺在这方面不具备可比性。

因为爆款承接了很大的流量，所以爆款的转化率会偏低，流量的精准度会逐步下滑，其转化率低一些是正常的。而作为新品，前期要的是精准的流量，如果直接拿新品的转化率与爆款的转化率来比较，即使两者相差不多，实质上也是新品的转化率并不高，自然难获取流量。这也是我们店铺的转化率明明比同行优秀店铺的转化率高，但是我们的流量就是大不起来的原因。

（2）同时段。

我们在进行同时段数据对比分析时，除了时间间隔要相同之外，还要考虑这期间有没有参加活动、有没有出现节日等情况。比如上一周是春节的前一周,这一周是春节,那么把这一周与上一周进行对比就不恰当了,因为它们所处的环境不同。所以我们在进行活动复盘的时候,往往会分析活动期间的店铺运营情况与日常的店铺运营情况之间的差距有多大。我们通过分析活动之前和活动之后这两个时间节点的店铺运营情况来衡量活动的效果,以便评估活动对店铺运营的作用有多大,今后还要不要再参加此类活动。

(3)同类型。

另外,我们在进行对比时,一定要选择同一类型的产品。比如水果的定价,不能选择榴梿跟苹果做对比,虽然它们都是水果,但它们是两种不同的水果,且由于营养价值和产量不同,其价格差别很大,因此两者不具有可比性。但是如果将山西苹果与陕西苹果做对比,那就具有可比性了,因为它们都是苹果,仅是产地不同而已。

> **提示**
>
> 如果我们要用一个优秀店铺的转化率来与我们自己店铺的转化率进行对比,那么这个店铺的目标人群、客单价等都要与我们自己的店铺的相关指标差不多,这样两个店铺的转化率才具有可比性。

2.2.2 细分分析法

细分分析法是指按照一定的参考标准,将整体数据细分为若干数据,再进行内部分析与统计的一种分析方法。图2-6所示为某线上店铺的全店流量结构。比如,当全店的流量下滑了50%时,如果就只看全店流量上升或者下滑这一结果,我们很可能不知道从哪里入手,所以我们要通过不断地细分去找到最终的改进方向,如我们通过分析发现其中70%的原因是受到了智钻的影响。

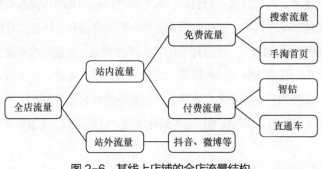

图2-6 某线上店铺的全店流量结构

这又细分成以下两种情况。

（1）可能是因为有意识地减少对智钻的投入，导致流量下滑；

（2）可能是因为流量竞争越来越激烈，智钻投入成本变高了，减少了对智钻的投入，最终导致流量下滑。

通过细分发现问题后，我们就需要进行调整了。如果是因为我们有意识地减少投入，那说明这个问题是在我们的控制范围内的；如果是竞争环境变得更激烈导致我们的展现成本变高，我们就需要提高点击率，从而提升获取流量的能力，这样才能控制我们的展现成本。

所以这就为我们提供了一个优化方向：提高点击率。这就是从数据的源头找问题，再根据问题来决定下一步的行动。如果你感觉细分后还是无法解决问题，那说明你的细分程度还不够。

值得注意的是，我们在分析出现的问题时一定要做到具体问题具体分析，不要机械地照搬或套用。因为市场是动态变化的，同样的问题在不同阶段可能会导致不同的结果。比如，同样是全店流量下滑50%，如果我们加上时间维度，这时全店流量下滑的原因就不同了。如果这个时间点是在"双十一"后，那么可能是因为"双十一"结束以后，店铺的付费项目的投放受到了大幅度控制，同时大促过后市场需求进入疲软期，进而出现了全店流量下滑50%的情况。这时的全店流量下滑就属于正常下滑。

在进行数据分析时，数据分析人员需要从不同的维度对数据进行细分，在细分的过程中找出具有代表性的核心数据进行深入分析，从而得到更精准的数据分析结果。通常，数据分析人员可以从以下几个维度对数据进行细分。

- 区域：从区域的维度对数据进行细分，比如针对主要消费区域进行人群属性的细分，以快速、精准地获取主要消费群体的相关信息。
- 时间：从时间的维度对数据进行细分，不同时间段会产生不同的数据，比如目标消费人群在每天的不同时间段产生的购物数据是不一样的。
- 渠道：从渠道的维度对数据进行细分，比如在分析转化率时，自主访问、付费推广、老客户推荐等不同渠道的转化率是不一样的，那么商家可以针对不同渠道的客户制定不同的营销方案。
- 客户：从客户的维度对数据进行细分，不同的客户群体的需求和属性是不同的。比如不同性别的人的购买偏好就有不同之处,男性消费者通常喜欢购买科技数码类产品,而女性消费者通常喜欢购买服饰美妆类产品。

- 行业:从行业的维度对数据进行细分,要想深入地研究某一细分领域的核心数据,就需要对行业进行细分。

细分分析是一个比较复杂的过程,需要从不同的维度进行细分,而对同一问题从不同的维度进行细分,则可能产生不同的结果。所以,数据分析人员在使用细分分析法时需要把握好切入点,从最佳维度进行细分,这样才能得到比较精准的数据分析结果。

2.2.3　AB 测试法

AB 测试法是指为实现同一个目标而制定 A、B 两个方案,A 为当前方案,B 为新方案,通过测试、比较这两个方案所关注的重要数据,然后选择效果更好的那个方案。

在电商数据分析中,AB 测试法通常应用于直通车创意图的优化。比如,某商家设计制作了多个直通车创意图方案并进行广告投放,分别测试各个方案的效果;然后对测试的效果进行优化,优化时要先对直通车创意图进行分析,看看到底是文案创意做得不好,还是产品的图片拍摄方面有问题;最后不断地对方案进行优化,通过对大量数据进行比较,测试哪个方案能够达到最佳的创意图优化效果。

2.2.4　漏斗分析法

漏斗分析法是一套科学的流程式分析模型。通过漏斗分析法,我们可以很直观地看到每个环节的情况,比如转化情况、流失情况等。漏斗分析法的本质是根据数据流程的变化来控制结果,即通过评估各个环节的数据情况,采取相应措施,进而达到优化数据的目的。

漏斗分析法有以下 3 个重要作用。

- 快速发现问题,及时调整问题。
- 把问题具体化和细分化。
- 在营销推广中提高流量的价值和转化率。

漏斗分析法通常应用于分析产品的成交转化情况。产品的成交转化流程如图 2-7 所示。

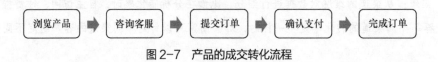

图 2-7　产品的成交转化流程

但利用流程图只能掌握产品的成交转化过程,无法精准地判断产品具体的成交转化情况。这时就需要对流程图进行优化,使用层次更分明的漏斗模型(见图2-8)来分析产品的成交转化情况。

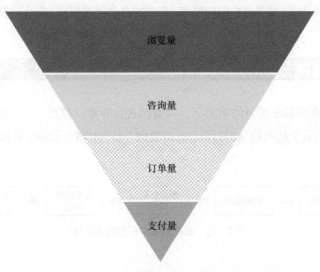

图2-8 使用漏斗模型分析产品的成交转化情况

2.2.5 聚类分析法

聚类分析法是指将抽象的数据按照类似的对象进行分析的一种分析方法。这种分析方法能够帮助数据分析人员发现数据之间更深层次的关联及其含义。

聚类分析法主要用于对客户数据进行分析。通过大数据,运营人员可以对客户进行追踪和深入挖掘,精准地发现客户之间相同或相近的属性,从而制定相应的营销策略。

客户聚类主要是根据行为属性来进行分类的,拥有共同行为属性的客户会被视为同一客户群体。比如,某商家按照年龄对在店铺中购买过产品的客户进行属性分类,如图2-9所示。

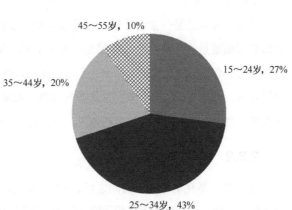

图2-9 某店铺成交客户的年龄分布

我们可以看到 25～34 岁这个年龄段的客户的成交转化情况最好，而这部分客户就将成为商家重点研究的对象。

聚类分析法的主要目的是精准地定位客户群体，使商家在后期运维和推广阶段，能够由点到面地开展营销活动，增强客户的归属感，形成群体营销的局面，最大限度地降低推广成本。

2.3 电商数据分析的基本流程

数据分析指在明确分析目的的前提下，对数据进行收集、整理、加工和分析等一系列操作，并从中提炼出有价值的信息的过程。电商数据分析包括 5 个步骤，其基本流程如图 2-10 所示。

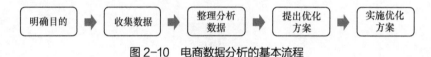

图 2-10 电商数据分析的基本流程

2.3.1 明确目的

进行数据分析一定要有明确的分析目的。数据分析人员首先要考虑的就是进行数据分析的目的是什么，要达到什么样的效果，要解决什么业务问题。电商数据分析的目的主要在于帮助商家熟悉店铺的运营现状；预测店铺未来的运营情况；及时发现店铺的问题；为店铺运营提供决策依据；等等。

比如，A 店铺是一家新店铺，在经营初期需要获取大量的流量，所以数据分析人员分析的核心数据就是访客量；而 B 店铺是一家老店铺，更关心店铺的转化问题，所以数据分析人员分析的核心数据就是转化率和回头率。因此，数据分析人员只有确定了分析目的，才能找准分析方向，也才能知道接下来要收集哪些数据。如果分析目的不明确，数据分析就会失去方向和意义，也就不能达到商家想要的效果，沦为无效的分析。

2.3.2 收集数据

收集数据是在明确分析目的之后，有目的地收集、整合相关数据的过程，它是数据分析的基础。比如，数据分析人员想了解转化率与流量之间的关系，就需要收集与访客数和转化率相关的数据。

收集数据的途径有很多,常用的有百度指数(分析网络消费者)、阿里指数(分析进货数据)、生意参谋(分析店铺数据)等。

还有许多电商数据的采集是通过手工复制或下载,以及利用其他第三方开发的工具完成的。

2.3.3 整理分析数据

从宏观层面来讲,数据的整理分析可以分为数据整理和数据分析。数据整理指对数据池中的海量数据进行筛选、提取和精练,进而选取最核心的数据指标作为分析的对象。数据分析指将整理好的数据进行归类、研究和总结,以达到精准地把握研究对象的发展规律和未来趋势的目的。

整理分析数据是电商数据分析的一个至关重要的环节。一般而言,整理分析数据主要有4个步骤,如图2-11所示。

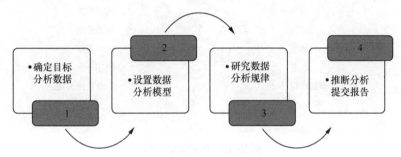

图 2-11　整理分析数据的步骤

在大数据时代,对于电商行业而言,数据的整理分析结果为行业提供了非常有价值的指标,尤其是对未知领域的探测和开发以及抢先一步发现并攻占蓝海市场,具有非常高的商业价值。

整理分析数据的所有工作完成之后,还有一项重要的工作就是撰写分析报告,它是对整个整理分析数据工作的总结与汇报。通过撰写分析报告,整理分析数据的目的、过程、结果与方案建议能够被完整地呈现出来,并为决策者制定运营策略提供重要的参考依据。

2.3.4 提出优化方案

数据分析的目的就是持续优化和改善运营流程，不断地为行业输送创新型解决方案，以满足电商行业的发展需求。通常来讲，数据分析主要针对以下几个方面进行优化。

（1）用户画像优化方案。

若是缺乏数据的支持，电商从业人员便难以掌握和区分目标群体、潜在群体和主力群体，甚至不知道如何获取更多的用户群体，店铺的运维将举步维艰。

运用大数据，数据分析人员可以多维度地构建用户画像，洞察用户行为，挖掘用户的潜在需求，并且将用户画像以图形化的形式直观地展现出来，如图2-12所示。

图2-12 用户画像分析

大数据强大的处理能力和精准预测能力为电商从业人员提供了高效、精准、直观的用户群画像服务，进一步解决了主力群体定位难、营销推广费用高、用户分析不完善以及运营决策不精准等多方面的难题。

（2）推广策划优化方案。

许多电商从业人员在推广商品的过程中，曾经陷入过这样的困境：缺乏专业的数据分析和指导，盲目地采取广撒网式的营销策略，最终，商品没有打开市场，营销费用高，营销效果微乎其微。

大数据核心的功能就是用数据"说话"。电商从业人员可以借助大数据开展营销活动、定位目标群体、锁定热门区域,从而做到有的放矢、精准营销,打造适合本行业和相关平台的营销活动方案。

电商从业人员依托于数据分析平台对目标群体的跟踪、分析和反馈,对店铺的装修、客服、物流等多方面进行优化配置,让店铺的营销活动始终紧贴目标用户群体,最大限度地促成潜在用户的成交转化。

(3)用户搜索优化方案。

对用户的搜索习惯进行分析也是数据优化方案的核心内容。不同的用户在同一搜索平台中可能会使用不同的搜索关键词。

在抖音、快手、西瓜视频等短视频平台流行的当下,许多"网红"应运而生,很多年轻人受到平台氛围的感染,喜欢用"网红"关键词来替代"创意"。通过对比发现,关键词"网红"出现的频率更高,这说明关键词"网红"更加符合搜索趋势。所以,电商从业人员应该顺应用户的主流搜索习惯,不断优化搜索关键词。

电商从业人员需要长期跟踪用户的消费行为,不断深入研究用户的搜索习惯,编制一份完善的用户搜索行为数据分析表。只有清楚地了解主流用户群体的搜索行为,掌握最具价值的核心关键词,电商从业人员才能更加精准地确定商品的搜索关键词,避开无效的长尾词,使关键词快速而精准地触达用户群体,提升商品的展现量。

值得注意的是,不同时间段的热门搜索词不一样,电商从业人员除了要把握用户的搜索习惯,还应该借助专门的关键词数据分析平台,及时掌握热门关键词,进而对方案进行优化。

2.3.5 实施优化方案

电商数据方案的实施和优化是数据分析的最后一步,也是验证数据分析的合理性和精准性的关键步骤。实施优化方案需要遵循图 2-13 所示的流程。

图 2-13 实施优化方案的基本流程

在电商数据分析过程中,数据分析人员唯有将优化方案落地才能检验数据分析的效果。

通常情况下,在实际的优化方案实施过程中,我们会遇到各种问题,比如,数据选取不符合标准,导致方案分析结果无法落地;宣传推广预算与实际推广费用出入较大;突发热门事件致使流量大减。这些情况都是客观存在的，却不能完全预防。

所以，在正式实施优化方案之前，电商从业人员需要制定风险预案，为各种可能发生的风险与问题制定相应的解决措施，以最大限度地减少风险对方案的干预和影响。

数据化运营与数据分析的流程不同。数据化运营的基本流程如图2-14所示，它基本是从运营中出现的问题开始，然后寻找与问题相关的数据并分析数据的意义，再确定解决问题的方案并执行，最后验证该方案（结果）是否能解决问题。如果方案不能解决问题，则需重新按流程进行检验，直到解决问题。

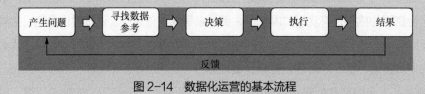

图2-14 数据化运营的基本流程

2.4 电商数据分析中的五大误区

电商数据分析过程存在很多误区，如果数据分析人员不小心陷入这些误区，就有可能导致数据分析结果出现错误或偏差，进而影响决策者做出正确的决策。下面列举几个常见的电商数据分析误区，以帮助数据分析人员在进行数据分析时避免陷入误区。

2.4.1 数据是决策的必要条件

数据化运营指数据分析人员通过解读信息来帮助决策者做决策。很多小卖家经常问："我没有数据，我的数据量小，我是不是就不能做数据化运营呢？"其实不然。数据化运营是为了能够让我们精准、精细化地运营店铺，但它不代表我们只能依赖数据。实际上，很多时候决策者需要把经验信息转化为数据，从而保证在决策时胸有成竹。

即使对于大企业来说，他们也不能够把所有东西都转化为数据，在决策过程中，定量和定性是同时存在的。我们需要通过所掌握的各方面的信息来支撑自己做决策。因此，数据分析并非企业管理决策的唯一要素，也不是所有的问题都是通过数据来解决的。

比如直播刚兴起的时候，很多人一直在徘徊，想看看身边已经在做的人的数据效果如何，但是等到越来越多的人开始做了之后,直播领域的竞争也越来越激烈,而很多早入市场的直播机构或者直播"达人"都赶上了第一轮红利期。如果我们能够从数据以外的角度来看待直播,就会发现它是一次变革——让消费者从体验静态视觉效果到享受动态交互的过程,那我们就能缩短观望的时间,早一点儿进入市场布局了。

2.4.2 数据完全反映了客观事实

对数据的"迷信"经常使企业的决策者不假思索地认为:统计数据是客观的、理性的,是值得信赖的。这种说法也是不完全正确的,因为数据不能 100% 地反映客观事实。

在这方面典型的例子就是可口可乐在 1985 年发生的那次几乎造成灾难性后果的可乐配方改进事件。在做出用一种口感更柔和、更甜的新可乐配方取代已面世 99 年的老配方的决策前,可口可乐耗资 400 万美元,动用大量人力,做了一系列的口味测试和问卷调查,统计结果显示大多数消费者认为新可乐更易接受,于是可口可乐做出了那个令数百万名可口可乐爱好者感到愤怒的决定,最终可口可乐不得不在两个多月后重新启用老配方并一再道歉。这一事件使得戈斯维托(可口可乐公司当时的董事长)多年后仍心有余悸,他公开承认那是一个大失误、大灾难。

在这个案例中,受访者在接受调查时不可避免地受到文化背景、受教育水平、个人性格,以及一些不可预知的心理因素的影响,而他们的答案到底在多大程度上反映了他们的真实情况,我们是无从得知的。对待统计结果时,我们应该抱着质疑的态度,而不是全盘接受。

其实,电商数据是受商家引导的。比如,很多电商商家勾选产品属性(如风格)是为了给搜索引擎看,而不是为了给消费者看。风格是一个模糊的概念,所以,我们在分析市场的时候可能会发现韩版女装的占比为 80%,但实际上并不是有 80% 的人喜欢韩版风格,而是因为绝大部分的商家把他们的产品风格归为韩版了,而系统(生意参谋、生 e 经等软件)抓取出来的是他们勾选的这一部分。

2.4.3 数据产生的过程是合乎逻辑的

关于这个误区的简单例子就是刷单。在早期的刷单过程中,很多商家自以为是地还原买家的购买轨迹——先搜索,再对比,然后收藏加购,跟客服聊天,最后购买。但事实证明,不同的真实的买家的浏览轨迹是有区别的。因此,表面上看刷单产生的数据是合乎逻辑的,但其实并不完全符合买家真实的购买轨迹。

提示

　　早期很多商家会通过刷单的方式提升店铺的基础销量，但随着电商行业的不断规范，各大电商平台也在不断加强对商家的竞争管理，禁止商家通过刷单等非正当手段提升店铺销量。所以，刷单是违反电商平台规则的行为，将会受到平台的处罚，不建议商家通过刷单方式提升店铺销量。

　　事实上，原始数据的处理和分析模型的选择有很高的自由度。也就是说，分析同样的数据可以得出多种不同的结果。比如我们分析销量数据时，从数据看销量是呈直线增长的，那么单纯从数据角度看，我们用线性预测法来预估后续的销售情况是合理的。但是如果我们忽略了产品的季节性，就会造成严重的后果。

　　因此，数据分析人员可能由于对企业或调研所涉及的行业不够了解，而造成数据处理和分析的偏差，也可能有意地将原始数据处理成他们希望得到的结果。这也就是为什么说数据产生的过程不一定是合乎逻辑的。

2.4.4　数据不会被误读

　　大多数经营者认为，数据具有客观性和高度概括性，所以不会被误读或产生歧义。但在实际工作中，我们常常会发现数据被误读的情况。比如，数据显示公司员工平均身高为163厘米，那这个身高是否分男女？是否排除了极值？不考虑这些问题，都容易误读数据。

　　数据是客观的，那么分析数据的方式是否客观？分析数据的人本身是否具有局限性？这些因素也是我们分析数据时要考虑的。

　　所以，行业中存在这样一句话：不懂数据的人，宁愿不要去看数据，也不要被数据所误导。但是我们也应该看到，在未来的社会中，数据越来越多，企业运营不再像以前那样纯粹靠经验，而是要靠数据。可以说，未来的竞争就是数据化的竞争。

2.4.5　关注数据不会产生副作用

　　其实数据过多不一定是好事，过度细化的指标容易让人丧失自我判断力。比如对于客服来说，一味地追求响应速度，也许会丢失回应质量，因此我们还要结合询单转化率及服务态度等指标来综合分析，而不是一味地要求其响应速度一定达到某种水平。再如我们在分析绩效的时候，过多的绩效考核指标往往会把一个人限制得过"死"，那样这个人就会缺少能动性，一旦缺少能动性，他就不会灵活性地处理事情，只会呆板地工作。

　　所以，关注数据有时也会产生副作用，我们只要抓住重点就好，不要苛求。

要避免陷入以上这些误区，要求大家具备一定的数据应用的辨别能力。这个要求说起来简单，但只有真正去做了才会发现有各种各样的问题，出现这些问题往往是因为没有利用好五大思维。有时候你觉得自己已经很懂数据了，但可能其实连它的1%都没有掌握，反而会被数据牵着鼻子走。所以，五大思维和五大误区必须要牢记在心，我们才能够在数据分析中达到更好的效果。

数据化讲究的是效率，讲究的是越简单越有价值。过分繁杂、过分讲究条条框框不是数据化的目的。

掌握数据分析的思维、方法、流程和误区，是运营人员做好数据化运营的基本功。因此，我们在入门阶段一定要掌握这些内容，它贯穿数据化运营的整个过程，同时有助于我们为做好数据分析奠定坚实的基础。

2.5 实践与练习

1. 在日常的商业数据分析中，常用的分析方法有哪几种？一个案例分析中是否只能采取一种分析方法？
2. 请你用一个案例来阐述电商数据分析的基本流程。

第 3 章

电商数据的收集、转化与展示

利用数据为电商行业发展增效,提供数字驱动的新生态产品和服务,是目前电商行业的发展趋势。利用大数据进行市场营销,电商商家不仅能够有效地节约营销成本,还能够通过大数据实现营销的精准化,实现导购服务的个性化,以及及时掌握消费者的消费偏好等。通过原始数据,电商商家能够快速、准确、方便地对海量的客户数据进行挖掘、分析,在服务、监管、营销等多方面为行业发展赋能。

3.1 数据的收集

电商商家要做好数据挖掘和分析,收集数据是基础工作。但是数据分布在各个电商平台中,收集起来并不容易。如果我们人工将电商平台上海量的商品信息一个个复制下来,这样不仅可能使信息失去时效性,而且工作量会非常大。其实,我们可以使用一些数据收集工具轻松完成数据的收集工作。

数据收集是电商数据分析流程中的一个关键环节,数据分析人员通常会使用一些数据收集工具来帮助自己收集原始数据。下面就为大家介绍几款常见的数据收集工具。

1. 百度指数

百度指数是百度官方通过统计海量网民的搜索关键词后,将基本的数据进行整理并分享的平台。百度指数的首页如图 3-1 所示。

数据分析人员可以通过百度指数提供的数据,了解特定关键词的搜索量和搜索趋势变化,了解当前有哪些热词,从而找到网民的关注点或搜索某个关键词的人群画像。比如,我们要了解雪纺连衣裙的销售情况，可以通过百度指数来收集相关数据，在百度指数的搜索框中输入关键词"雪纺连衣裙"，查看地域分布，如图3-2所示，可以知道雪纺连衣裙的销量在广东遥遥领先。

图3-1　百度指数的首页

图3-2　搜索热词排名

另外，我们通过百度指数也可以快速了解一些行业的排行情况，图3-3所示为通过百度指数收集的行业排行信息。从搜索数据中，我们可以了解汽车行业、手机行业、化妆品行业等的搜索指数排行和资讯指数排行情况。这些数据能够有效地帮助商家开展市场调研、策划等运营工作。

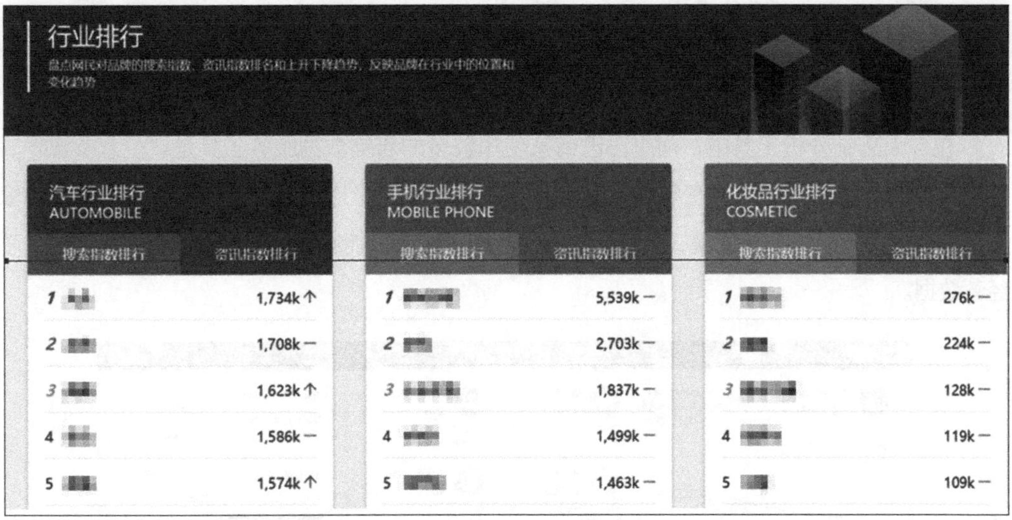

图3-3　部分行业热度排行

2. 店铺工具

数据分析人员通过一些专业的店铺工具来获取数据也是一个非常不错的选择。如今，电商市场上出现了很多专门针对商家的服务市场,这些服务市场中就有专门的数据服务工具,可用于帮助商家或数据分析人员获取相应的数据。例如,阿里巴巴旗下的商家服务市场就为商家提供了很多店铺数据服务工具,如图3-4所示,商家可以根据自己的需要自行选择购买。

图3-4　商家服务市场中的店铺数据服务工具

在各大店铺分析工具中,阿里巴巴商家使用较多的店铺数据服务工具是"生意参谋",其首页如图3-5所示。"生意参谋"是专属于商家的个性化店铺数据运营工具,集合了商家常用的数据功能模块,从流量、交易、内容到产品,使商家能够快速、及时地掌握店铺的各项经营数据。

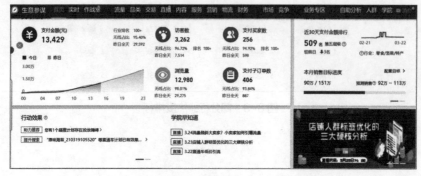

图3-5　"生意参谋"的首页

3. 软件机器人

我们还可以选择用软件机器人来协助收集电商平台数据。软件机器人可以执行人工的和多次重复的高规律性基本计算机操作，比如从电商平台上复制各种数据信息。它可以 7×24 小时不间断工作，从而大大提升效率，节省人工和时间成本，而且在准确性上比人工可靠得多。

比如博为小帮软件机器人这款数据收集工具，其配置比较简单。只要懂基本计算机操作，我们就可以配置一个小帮软件机器人，用它收集拼多多、京东、淘宝等电商平台上的所有可见商品数据（价格、销量、规格、详情文案、上架时间、买家评价等）。

在信息化时代，办法总比困难多，电商商家只要平时善于利用博为小帮软件机器人这样的自动化工具收集、挖掘、统计和分析相关数据，并将其为自己所用，就能有效地帮助自己增强市场竞争力和收益能力，取得良好的效益。

> **名师点拨**
>
> 我们可以通过跨境电商平台（如亚马逊）收集跨境电商的相关数据。
> （1）通过亚马逊前台查看排名、关键词位置和销量。
> （2）利用亚马逊工具，如卖家精灵、船长、数据魔方等。

4. 其他工具

除了前文介绍的工具外，还有其他一些常用的工具。

- CRM（客户管理工具）。
- ERP（用来作为货品管理工具）。
- 赤兔（客服管理分析工具）。
- 品牌数据银行（品牌用户资产管理工具）。
- 京东商智（用于京东商家店铺经营分析）。
- 多多情报通（用于拼多多商家市场分析）。
- 小工具（店查查、癞蛤蟆工具箱、晓工具箱）。

3.2 数据转化

在运营店铺的过程中，我们有时需要更深入地了解某一个运营行为会给店铺带来哪些影响，这时原始数据就不够用了，因此我们需要将原始数据转换成更容易理解的数据，从而帮助我们做决策分析。

3.2.1 数据转换的重要性

在电商运营的过程中，存在许多杂乱无章的数据，如访客数、转化率、客单价、停留时间、访问深度、下单支付人数等，商家需要借助各种数据分析手段，对这些数据进行加工处理，然后根据店铺的实际需求总结出隐藏在它们背后的信息和规律。

很多时候，我们面对一大堆数据却束手无策，也看不出这些数据有什么规律和意义。但是，我们如果对这些数据进行分类和归纳处理并进行巧妙的转换，就会有一种柳暗花明的感觉，从而得出我们想要的结果。因此，数据转换在数据分析中起着非常重要的作用。下面我们通过两个案例来了解数据转换的重要性。

【案例1】通过数据转换了解提高产品单价对销量的影响

在其他因素不变的情况下，我们提高产品单价对销量会有多大影响？假如某产品的原价为100元，然后提价到120元，价格为100元时该产品的销量是1000个，而价格为120元时的销量是900个。那么，我们可以通过公式转换计算出价格对销量的影响，计算公式如下。

$$价格对销量的影响 = (提价后的销量 - 原价时的销量) \div (提价后的价格 - 原始价格)$$

即(900-1000)÷(120-100)=-5，也就是每提价1元，减少的销量是5个。通过这个公式，我们可以清楚地知道提价对销量的影响。那么，我们要提价到多少，才能实现销售额的最大化呢？

下面将教大家如何通过Excel表格来找到实现销售额最大化的方法。

（1）我们先把提/降价的情况和提/降价对销量的影响的相关数据输入Excel表格中，比如降价30元时，产品销量就会在原来的基础上增加150件，销售额就等于(100-30)×(1000+150)，即80500元。

（2）输入可能会提升或者降低的价格幅度，计算出对应的销售额，如图3-6所示。

（3）选择"销售额"列数据，插入折线图，如图3-7所示。然后在图表上单击鼠标右键，选择"选择数据"命令，在弹出的"选择数据源"对话框中设置水平（分类）轴标签，选择"提/降价"数据源。

价格	销量	销售额
100	1000	100000
120	900	108000
提/降价	提/降销量	销售额
−30	150	80500
−29	145	81295
−28	140	82080
−27	135	82855
−26	130	83620
−25	125	84375
−24	120	85120
−23	115	85855
−22	110	86580
−21	105	87295
−20	100	88000
−19	95	88695
−18	90	89380
−17	85	90055
−16	80	90720
−15	75	91375
−14	70	92020
−13	65	92655
−12	60	93280
−11	55	93895
−10	50	94500

图 3-6　提/降价、销量与销售额表

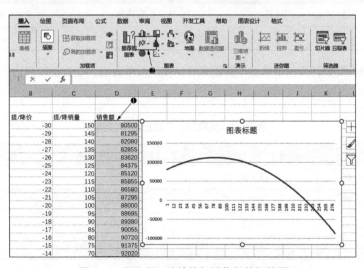

图 3-7　插入提/降价格与销售额的折线图

（4）这时我们就可以看到价格在哪个位置能实现销售额的最大化，如图3-8所示。当价格在原来的基础上提高50元，也就是销售价格为150元时，销售额达到最大。

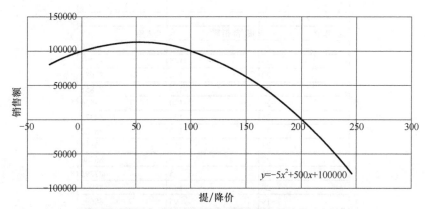

图3-8　提/降价与销售额的关系图（单位：元）

【案例2】通过数据转换了解增加直通车的付费金额对搜索流量的影响

在其他因素不变的情况下，直通车付费金额的增加对搜索流量的提升有多大影响？对于这个问题，我们从直通车后台和生意参谋后台分别获取了3组数据，如表3-1所示。

表3-1　3组直通车数据

项目	直通车付费金额/元	直通车带动自然曝光量/次	搜索流量/次
原始数值	1000	70000	3000
数值变化	3000	160000	4200

如果不进行数据转换，单从这些数据来看，我们很难看出这些数据要表达的信息。下面我们将这些数据进行转换，如表3-2所示。

表3-2　转换后的3组直通车数据

项目	直通车付费金额/元	直通车带动自然曝光量/次	搜索流量/次
原始投放金额	1000	70000	3000
最终投放金额	3000	160000	4200
涨跌值	2000	90000	1200
涨跌幅度	200%	129%	40%

从表3-2中我们可以看到直通车的付费金额在原始投放金额的基础上增长了200%，这对

搜索流量（也就是免费流量）的增长实际上是有促进作用的。同时，直通车带动自然曝光量增长了 129%，而搜索流量只增长了 40%，那么，我们可以得出以下两点结论。

（1）主图点击率低。直通车拉动的曝光增长幅度是 129%，而实际引入的搜索流量增长幅度却是 40%，由此可推断出主图的点击率变低。

（2）除了直通车付费金额增加带来的自然曝光量增长以外，直通车对间接的搜索权重加权效果差。

从以上这两个案例我们可以认识到，如果我们不具备转换数据的能力，那么很多的数据就无法变成真正有价值的、能够帮助我们做出正确决策的数据。因此，运营人员必须具备数据转换能力，才可能做好数据化运营。

3.2.2 数据转换的 4 种方式

认识了数据转换在数据分析中的作用和重要性，接下来我们学习数据分析中常用的 4 种数据转换方式。

1. 综合描述转换

常用的数据描述统计方式主要有求和、求平均值、取最大值、取最小值、计数、集中度、分散度等。通过这些维度，我们可以更清晰、更深入地了解相关信息。

我们经常会遇到这样的情况：当你询问店铺这个月的流量情况时，你得到的回答几乎都是一天大概有多少笔成交订单，因为运营人员根本记不住如图 3-9 所示的那么多数据。

日期	浏览量	访客数	访问深度	销售额	销售量	订单数	成交用户	客单价	转化率	退款额	退货量	退款率	退货率	店铺收藏	宝贝收藏	新增购物	新增购物
2021/5/1	224590	31404	7.2	48836.52	468	454	452	108.05	1.44%	4390.48	43	8.25%	8.41%	1136	2337	1749	2536
2021/5/2	196089	27774	7.1	41939	387	380	378	110.95	1.36%	3231	31	7.15%	7.42%	1039	2209	1560	2176
2021/5/3	196433	27092	7.3	35307.31	329	322	322	109.65	1.19%	4500.69	38	11.31%	10.35%	1013	2121	1516	2149
2021/5/4	182025	25152	7.2	33725.42	311	301	299	112.79	1.19%	3693.58	32	9.87%	9.33%	873	2145	1386	1903
2021/5/5	202779	28453	7.1	29893.57	292	286	285	104.89	1%	3267.43	33	9.85%	10.15%	960	2493	1464	2080
2021/5/6	232919	35906	6.5	36515.77	354	333	331	110.32	0.92%	4338.23	41	10.62%	10.38%	1142	2496	1704	2447
2021/5/7	252784	35180	7.2	42132.35	409	404	403	104.55	1.15%	5392.65	49	11.35%	10.70%	1733	2992	2004	2792
2021/5/8	204041	27226	7.5	32297.73	299	295	293	110.23	1.08%	5779.27	52	15.18%	14.81%	1100	2484	1552	2251
2021/5/9	200033	27245	7.3	34809.84	311	313	311	111.93	1.14%	4886.16	44	12.31%	12.39%	1009	2595	1483	2070
2021/5/10	192622	26556	7.3	35062.82	319	315	312	112.38	1.17%	4240.18	37	10.79%	10.39%	1059	2282	1401	1967
2021/5/11	181875	25535	7.1	31971.13	287	286	284	112.57	1.11%	3914.87	35	10.91%	10.87%	851	2114	1416	2046
2021/5/12	196313	27676	7.1	29305.82	264	257	257	114.03	0.93%	2863.18	25	8.90%	8.65%	957	2270	1471	2125
2021/5/13	217531	30666	7.1	34813	322	314	313	111.22	1.02%	3232	28	8.50%	8%	1135	2620	1721	2485
2021/5/14	220524	30927	7.1	40029.69	364	355	354	113.08	1.14%	5302.31	48	11.70%	11.65%	1166	2328	1685	2417
2021/5/15	212313	28273	7.5	38221.79	348	327	326	117.24	1.15%	3040.21	28	7.37%	7.45%	1082	2482	1638	2248
2021/5/16	204169	26527	7.7	34566	323	311	311	111.14	1.17%	4464	39	11.44%	10.77%	1058	2316	1560	2215
2021/5/17	189614	25179	7.5	34361.8	312	303	301	114.16	1.20%	3315.2	29	8.80%	8.50%	902	2282	1500	2048
2021/5/18	178203	23790	7.5	33371.71	322	262	259	128.85	1.09%	3768.29	36	10.15%	10.06%	882	2343	1433	2048
2021/5/19	187410	24368	7.7	24523	227	214	214	114.59	0.88%	1867	17	7.07%	6.97%	881	2149	1503	2484
2021/5/20	231667	28748	8.1	59296.09	601	583	580	102.23	2.02%	6367.91	62	9.70%	9.35%	957	2227	1680	2400
2021/5/21	246022	30840	8	49677.05	502	482	479	103.71	1.55%	4079.95	41	7.59%	7.55%	1242	2581	1888	2675
2021/5/22	206192	25279	8.2	44458.68	472	452	448	99.24	1.77%	6442.32	62	12.66%	11.61%	918	2145	1458	2034
2021/5/23	196631	24704	8	29428	281	272	272	108.19	1.10%	2852	27	8.84%	8.77%	1052	2219	1525	2158
2021/5/24	193045	27163	7.1	31956.23	293	276	275	116.2	1.01%	3887.77	36	10.85%	10.94%	1016	2404	1750	2512
2021/5/25	195881	27397	7.1	27317.84	270	264	262	104.27	0.96%	2910.16	29	9.63%	9.70%	1189	2265	1776	2493
2021/5/26	228382	38160	6	48331	645	632	627	77.08	1.64%	3982	44	7.61%	6.39%	1119	2598	2183	2841
2021/5/27	201232	28544	7	28272.58	268	252	249	113.54	0.87%	3272.42	32	10.37%	10.67%	1030	2464	1770	2403
2021/5/28	218374	30494	7.2	31929	295	292	288	110.86	0.94%	3455	32	9.76%	9.79%	1226	2667	1811	2601
2021/5/29	207406	29520	7	30785	281	272	271	113.6	0.92%	2340	20	7.06%	6.64%	1190	2547	1718	2465
2021/5/30	190226	26247	7.2	36182.92	331	321	321	112.72	1.22%	3920.08	34	9.78%	9.32%	1069	2243	1579	2220
2021/5/31	174904	23795	7.4	32753.76	302	285	283	115.74	1.19%	1570.24	15	4.57%	4.73%	986	2180	1412	1921

图 3-9　某店铺 5 月的运营数据

如果采用数据综合描述的方式来回答这个店铺的运营情况，则该店铺这个月总的访客数是 87.5 万人次，平均每天的访客数是 2.8 万人次，流量最大时可达到 3.81 万人次，最少时为 2.37

万人次。整体上流量的波动较为平稳。

通过这样的综合描述，我们不仅可以很清楚地了解店铺访客数的整体情况，而且很容易记住这些数据。如果进一步利用对比思维和细分思维，我们可以把竞争对手的访客情况也清晰地描述出来，如表3-3所示。通过这种数据转换，我们可以对两个店铺进行综合对比，找到自己店铺的不足之处。虽然从总的访客数来看，本店比竞争对手店铺多出50000个访客，但是竞店的发展更加稳健，而且前五款宝贝的访客数占比为60%，而本店的访客数占比为80%，说明竞店的动销结构比本店好。由此可见，数据的综合描述转换在数据分析中起着重要作用。

表3-3 本店与竞店的访客数对比

项目	月总访客数	平均每天访客数	最高日访客数	最低日访客数	前五款宝贝占比
本店	300000	10000	30000	5000	80%
竞店	250000	8300	10000	6000	60%

再举一个例子，我们在进行标题优化时，仅仅通过各个关键词数据是很难看出实质问题的，但是一旦对词根进行分析，效果就不一样了。比如蕾丝这个词根（其下有10个关键词）带来了500个访客，转化率为2%。我们就可以根据这些数据描述来判断一个词根的价值，然后决定是否要换词。比如2%这一转化率比较高，但访客只有500个，由此可见，我们在运营上应该要做的就是增加该词根下关键词的曝光，这样可以带来更多的流量。

2. 单位效率转换

在做对比分析时，一些单一维度的指标是无法直接进行对比的。比如A店铺的销售额为500万元，团队人数为100人，B店铺的销售额为100万元，团队人数为10人；我们不能简单地说A店铺比B店铺做得好，因为从人均贡献率的角度来看，B店铺的人均贡献值为10万元，而A店铺的人均贡献值只有5万元。

在做对比分析时，当对比的两个主体的体量相差很大时，我们不能直接用绝对数量来衡量，而应该用单位效率来衡量。大家都知道，成交量的多少与访客数的多少有很大的关系，所以要判断每天的成交情况如何，我们就要用转化率来描述，用平均每100个访客中的成交人数来判断成交情况的好坏。

在平时的数据分析中，大家比较熟悉的转换指标有点击率、收藏率、加购率、平均点击单价、平均客单价、访问深度等，这些指标都属于单位效率转换指标。

3．涨跌幅度转换

涨跌幅度转换主要是为了对同一维度或者不同维度的数据在时间、空间上所发生的变化进行对比，而涨跌幅度主要采用百分比来展示是因为在不同时间、空间或同个维度下，基数都是不同的。比如本周访客数比上周的访客数下滑了1000，下滑比例是10%；而上周比上上周的访客数下滑了3000，下滑比例也是10%。如果只是从绝对数值来看，那上周比本周下滑得更明显，但这不能说明上周有问题，因为两者的基数是不同的，而从结构性来看，两者的下滑幅度是一样的。

涨跌幅度转换常常用于数据的对比，一般有以下3种情况：

（1）用于同一指标不同时间点的对比，比如这个月的销量对比上个月涨了50%；

（2）用于不同指标之间的对比，比如价格涨了20%，销量下滑了10%；

（3）用于同一指标但是对象不同的对比，比如店铺的销售额涨跌幅度与行业销售额的涨跌幅度对比。

图 3-10 所示为 2017 年本店的销售趋势与行业的整体销售趋势对比情况。从行业趋势和本店趋势对比（实线是本店的销售额趋势）中，我们可以发现在淡季，本店的销售额下滑幅度远大于行业的下滑幅度，这导致流量急速下滑。为了改善淡季销售额大幅下跌的情况，2018 年本店进行了一些调整，重新规划了产品线。经过一段时间的运营，本店的流量和销售额都有了明显的提高。

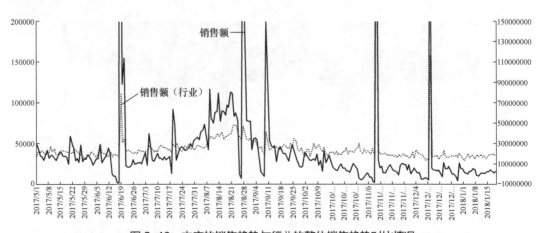

图 3-10　本店的销售趋势与行业的整体销售趋势对比情况

> **提示**
>
> 在图 3-10 中，左侧纵坐标轴表示店铺销售额（单位：元，下同），右侧纵坐标轴表示行业销售额，横坐标轴表示时间。

4. 百分比转换

百分比在运营过程中一般有两种作用。一种用于反映效率，比如转化率、点击率等，这种百分比用于统计某个群体发生某种事件的效率。比如有 1000 个访客，其中成交用户为 100 个，其效率（转化率）为 10%。另一种用于统计部分在总体中所占的比例。比如，计算店铺产品的销售额在全店销售额中所占的比例，得出的数据是前五款产品的销售额占了全店销售额的 80%。又如做行业品类占比统计，发现女款羽绒服占了冬季女装市场 15% 的份额，这些数据都是将统计数据转换成百分比数据的一种形式。

电商运营人员应该经常利用数据分析来调整店铺的运营策略。比如，我们在销售女装时，对店铺不同板型的产品进行销售情况统计，发现宽松板型的产品在黑龙江地区的销量占总销量的 60%，而修身类和直筒板型的产品占 40%，如图 3-11 所示。这说明宽松板型的产品在这一地区很受欢迎，于是我们调整了产品的布局，提高了宽松板型的产品在店铺中的占比，并且针对黑龙江地区实施了定制化开发策略。经过运营策略的调整之后，店铺宽松板型的产品的销量比之前提升了 30% 以上。

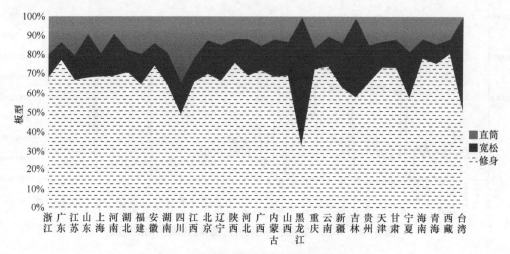

图 3-11　不同板型的女装产品在不同地区的占比

名师点拨

通过学习以上4种数据转换方式,我们也熟悉了数据转换的思维。通过对一些看似不重要的日常数据进行转换,我们可以清楚地看到数据要表达的内容,也就是说通过转换后的数据,我们可以挖掘出数据背后的隐藏信息,这些信息可以帮助我们做出合理的决策。

3.3 数据的展示方式

运营人员的日常工作离不开数据可视化,需要经常和数据、图表打交道。不论我们是做店铺诊断分析,还是给品牌方讲解方案,又或者是向领导汇报工作,一份清晰明了的数据图表往往能减少很多不必要的时间和成本浪费,帮助管理者快速做出合理决策。

我们来看看图3-12所示的3种数据展示方式,同样的数据以3种不同的方式展示,对我们解读数据有着截然不同的作用。

类目	销售			库存			差异		
	L	M	S	L	M	S	L	M	S
连衣裙	21.59%	44.06%	34.35%	20.60%	45.51%	33.89%	-0.99%	1.45%	-0.47%
毛针织衫	13.83%	51.55%	34.62%	16.02%	54.85%	29.13%	2.19%	3.30%	-5.49%
牛仔裤	26.18%	36.73%	37.09%	27.52%	40.47%	32.01%	1.34%	3.74%	-5.09%
T恤	16.87%	48.27%	34.86%	19.15%	46.55%	34.30%	2.28%	-1.71%	-0.57%
衬衫	19.46%	45.85%	34.69%	20.29%	46.45%	33.26%	0.83%	0.60%	-1.43%
休闲裤	22.89%	42.27%	34.84%	20.13%	45.74%	34.13%	-2.76%	3.47%	-0.70%

(a)表格展示方式

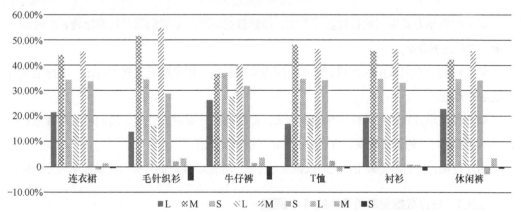

(b)图表展示方式

图3-12 3种数据展示方式

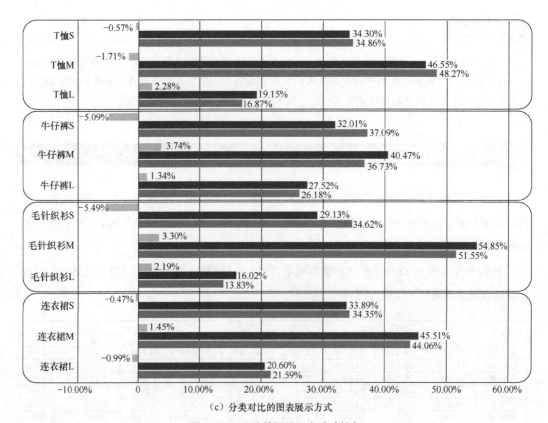

(c)分类对比的图表展示方式

图 3-12　3 种数据展示方式（续）

第一种展示方式采用的是纯数据形式，虽然数据清晰，但我们需要花费比较长的时间来了解、查看这些数据。

第二种展示方式采用的是图表形式，图表虽然直观，但是缺乏直观的对比，因此给人有些混乱的感觉。

第三种展示方式虽然同样采用图表形式，但是通过分类对比处理，我们可以直观地对比同品类下不同尺寸的不同数据，直观、明了地了解相关信息。

由此可见，我们需要采用合适的数据展示方式，才能够让数据具有可阅读性和可分析性。

3.3.1　制作数据图表需遵循的 4 个原则

1. 明确分析目的

由于店铺的数据指标非常多，在分析过程中我们要根据分析目标来展示需要的指标，切记不要将与目标无关的数据展示出来，否则不但不能帮助我们决策，还会影响我们正确地判断问题。

比如，我们要分析产品流量的精准性是否会随着引入的流量的增加而变得越来越低，那么要展示的就只有两个指标：流量和转化率。因此，我们需要观察流量增长时转化率是否下降。图 3-13 所示为流量（访客数）与转化率的散点分布图。

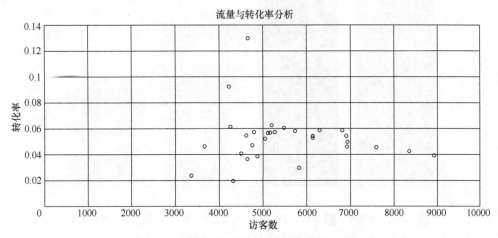

图 3-13　流量（访客数）与转化率的散点分布图

我们从图 3-13 中可以得出以下结论。

（1）流量小于 5000 时，随着流量的增长，转化率会提升，这说明流量的推送越来越精准。

（2）流量为 5000～7000 时，随着流量的增长，转化率趋于平稳。

（3）流量大于 7000 时，随着流量的增长，转化率反而开始出现下降的趋势。

 名师点拨

由此可见，只有明确了分析目的，才能有的放矢地制作出相关图表。通过对流量与转化率的图表的制作，我们可以更加直观地了解并掌握流量与转化率之间的关系，为我们的运营提供帮助。

2. 注重数据的对比

众所周知，做数据分析，如果只展示单个数据是没有意义的，数据的展示需要有对比，才能体现数据的价值。

比如，如果只知道这个月的转化率是 3%，那么这个信息几乎没有价值。如果做对比：上个月的转化率是 3%，我们没有增长；竞争对手的转化率是 2.5%，我们比他们高 0.5 个百分点；竞争对手上个月的转化率是 1.5%，我们比他们高 1.5 个百分点。转化率对比分析如图 3-14 所示。

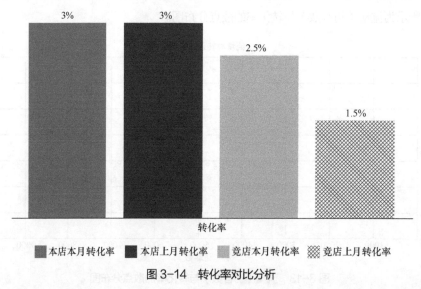

图 3-14　转化率对比分析

通过对比，我们才能知道自己的店铺在行业中的情况。我们发现，虽然我们现在的转化率比竞争对手的数据要好，但是我们并没有继续变好，而竞争对手本月的转化率却比上月提升了 1 个百分点，竞争对手做了哪些调整促使转化率提升了呢？这是我们下一步需要关注和分析的地方，以做好防备工作。这就是一个典型的通过数据对比发现问题的案例。

3. 简化图表的展示

关于简化图表，我们需要记住以下 4 点。

（1）不同的指标数量尽量不要超过两个。比如流量和转化率属于两个不同的指标，这时就不宜做多指标展示，因为一旦有第三个指标，图表就会变得很复杂。例如，在图 3-15 中，实际有支付金额、访客数、支付转化率、客单价、无线端访客数、新访客数、UV 价值 2、老访客数、跳失率 9 个指标，但仅展示出 4 个指标的数据变化情况。而且，指标一旦变多，就会出现数值量级不对等而无法展示的情况。

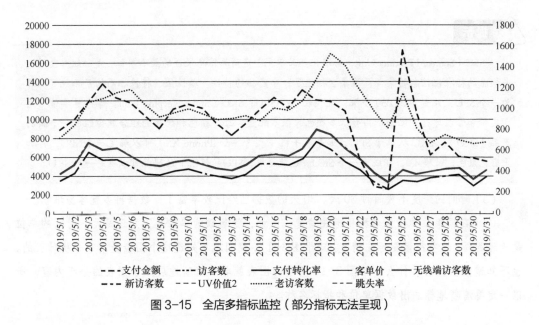

图 3-15 全店多指标监控（部分指标无法呈现）

（2）分类的维度不要超过 10 个。比如图 3-16 所示的女装品类分类只有 7 个，但看起来已经比较复杂了，如果再多一些分类，整个图表看起来就会有些眼花缭乱。

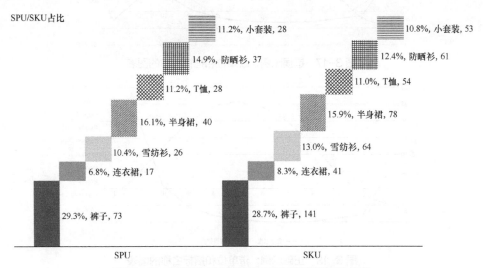

图 3-16 某服装店铺各品类的产品数及规格数占比

> **提示**
>
> SPU（Standard Product Unit，标准化产品单元）是商品信息聚合的最小单位，是一组可复用、易检索的标准化信息的集合，该集合描述了一个产品的特性。属性值、特性相同的产品就可以称为一个SPU，比如华为P50手机，就代表一个SPU；SKU（Stock Keeping Unit，库存量单位）用于定价和管理库存，比如产品有很多颜色、很多配置，每个颜色和配置的组合就会组成一个新的产品（SKU）。SKU从属于SPU，如苹果手机+型号（如iPhone XS）可以确定一个SPU；再加上颜色黑色、尺码4.0，即成为一个SKU。也就是说，SPU+颜色+尺码就可以确定一个SKU。

（3）时间的跨度不要超过30天。30天的数据已经比较丰富了，数据再多就容易堆积。

（4）数据单位和指标名称要标注清楚。比如，销售额的单位是万元还是元，时间的单位是天还是周，这些都需要标注清楚。对于图3-17，我们就不知道这个图表是用来分析什么的，也不知道数值代表了什么；而图3-18所示的图表就非常清晰地展示了图表的分析内容，所以一定要清晰地标注出数据单位和指标名称。

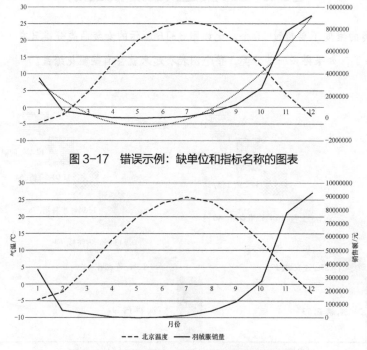

图3-17 错误示例：缺单位和指标名称的图表

图3-18 正确示例：带单位和指标名称的图表

4. 从整体到局部进行展示

数据展示要逻辑清晰，要先从整体看变化，再从局部看变化，这样才容易发现问题，进而找到解决问题的办法。

比如，在做流量分析时，一般先分析全店流量，再分析渠道流量，然后将渠道流量分解为单品流量，这其实也是我们常说的细分思维。

3.3.2 常见的图表形式

在日常运营工作中，常见的图表形式主要有4种，分别是柱形图、折线图、饼图、散点图。那么新手应该如何确定用什么图表展示数据更合适呢？我们可以运用以下4句口诀：

① 数据对比用柱形；
② 时间相关用折线；
③ 整体构成用饼图；
④ 关系分布用散点。

我们通过图表展示来讲解具体内容。

（1）数据之间的对比用柱形图。比如，全国主要地区门店的销售额（单位：元）对比，如图3-19所示。

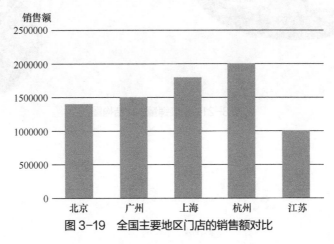

图3-19　全国主要地区门店的销售额对比

（2）与时间相关的指标用折线图。比如，某经营双肩包产品的店铺近30天的支付金额走势，如图3-20所示。

（3）整体结构的分布用饼图。比如，女装店铺的产品是由连衣裙、T恤、裤子等构成的，其中连衣裙又有材质、季节之分，如图3-21所示。

（4）数据的分布和数据之间的关系用散点图。比如，耳机类目的销量、价格和转化率之间的关系可以用散点图来展示，如图3-22所示。

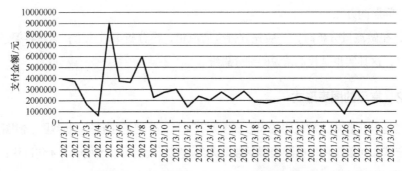

图 3-20　某店铺近 30 天的支付金额走势图

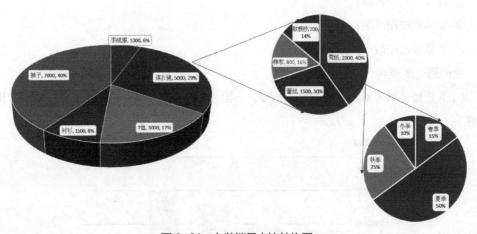

图 3-21　女装销量占比结构图

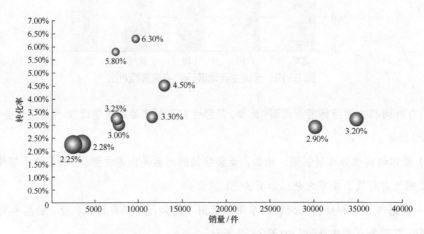

图 3-22　耳机类目销量－价格－转化率的气泡关系图

本书在后续的案例分析中，将结合实际的业务情况，应用五大思维进行数据分析，帮助运营人员解决业务决策性问题。

3.4 实践与练习

1. 表 3-4 是直通车投放的原始数据，表 3-5 是将表 3-4 的数据转换后得来的。通过这两张表，你能得出什么分析结论呢？

表 3-4 原始数据

项目	直通车付费金额/元	直通车带动自然曝光量/次	搜索流量/次
第 1 周	3000	120000	4000
第 2 周	6000	270000	5000
第 3 周	8000	320000	7000

表 3-5 转换后的数据

项目	直通车付费金额/元	直通车带动自然曝光量/次	搜索流量/次
第 1 周	3000	120000	4000
第 2 周	6000	270000	5000
第 3 周	8000	320000	7000
第 2 周涨跌幅度	100.0%	125.0%	25.0%
第 3 周涨跌幅度	33.3%	18.5%	40.0%

2. 为什么有时做数据分析时需要转换数据才能让数据更加清晰和易懂？举一个例子说明转换之后的数据比转换前的数据更具有说服力。

第 4 章
电商运营的核心数据指标

随着电商产业的成熟,可以量化的数据指标越来越多,这些数据指标覆盖了大多数运营方向,便于运营人员在做决策时参考。但是大量的数据指标也难倒了很多数据应用能力差的运营人员,很多运营人员连数据指标背后的业务意义都搞不清楚,更别谈利用数据做出正确的决策。因此,本章将重点讲解各项核心数据指标的意义。

要进行数据化运营,自然离不开数据指标。互联网带来的便利之一,就是让数据的收集、存储变得容易。像淘宝、天猫商家常用的工具之一"生意参谋"有100多项数据指标,而这些数据指标基本覆盖了流量、转化、推广、服务等运营维度,如图4-1所示。

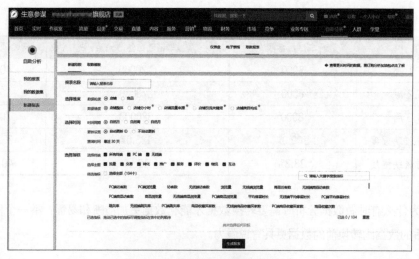

图 4-1 生意参谋中的数据指标

所以,要做好数据决策,第一步就是进行生意参谋中各项数据指标的数据解读(每一项数据指标的含义和取值范围)。生意参谋的帮助中心里有对各项数据指标的讲解,可以帮助初学者初步了解数据的多维性。

可能很多运营人员会问,那么多数据指标,我们需要全部记住吗?实际上,在运营过程中,一般都不会关注那么多数据指标。也关注不过来,所以运营人员一定要抓住重点数据指标。下面我们来重点认识一下在淘宝、天猫运营中常用的核心数据指标。

4.1 流量获取门槛指标——店铺 DSR 动态评分

店铺 DSR(Detail Seller Rating,卖家服务评级系统)动态评分既是店铺信用等级系统的重要指标,也是店铺获取流量的门槛指标,它包括描述相符评分、卖家服务评分、物流服务评分 3 项。图 4-2 所示为某淘宝店铺的 DSR 动态评分。

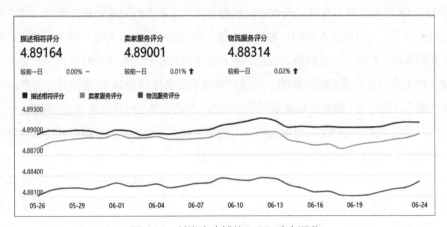

图 4-2 某淘宝店铺的 DSR 动态评分

描述相符评分代表的是产品的描述与客户对实物的期望的心理吻合度。客户心理吻合度越高,评分就会越高,这主要体现在产品质量、实物产品与商家描述的差异度等方面。

卖家服务评分是客户对卖家服务能力的综合性评分,主要体现在对售前、售中、售后等阶段的态度及效率的综合评分。

物流服务评分是客户对商家选用的物流服务的评分,主要体现在对发货速度、物流速度、配送态度、物流包装等方面的综合评分。

4.1.1 店铺 DSR 动态评分的重要性

店铺 DSR 动态评分涉及产品、服务、物流等考核店铺综合能力的维度，而好的产品、高质量的服务、快速的物流对于用户来说就是一种好的体验。在当下多平台争抢流量的大环境下，平台自身的流量维护变得非常重要，而店铺 DSR 动态评分就是平台分配流量时的关键考虑因素。即使你的产品转化率很高、贡献值高，但是当你的 DSR 低于行业水平时，你的产品获得展示的机会就会变少。如果用户体验太差，用户不仅会对商家失望，也会对平台失望，这是平台不希望看到的。也就是说，一旦店铺的 DSR 动态评分过低，你的店铺连入池展示的机会都没有，甚至连活动报名的资格都会被取消。所以，店铺 DSR 动态评分是店铺获取流量入池展示的关键门槛指标，至于能够获取多少流量，则取决于自身的竞争力。

4.1.2 服务对店铺 DSR 动态评分的影响

店铺 DSR 动态评分的涨跌，在很多时候都会出现 3 项指标同起同落的情况，其主要的问题出在服务环节上。可能有人会问：为什么不是产品的影响因素最大呢？确实，对用户来说，他们主要购买的是产品而不是服务，但是，当产品不符合用户的期望的时候，用户更多地会选择退货，由于退货客户是无法评分的，所以自然就不会牵扯到 DSR 动态评分。当产品与用户的期望相差不大的时候（随着市场竞争环境的成熟，产品质量已经是商家必须保障的一项内容，除了一些不良商家生产的产品，市面上的产品的质量相差不会很大），服务就显得非常重要，好的服务能够抚慰用户的心灵，降低用户的不满意度。

在现实中，我们并不能 100% 保证产品无瑕疵，用户在不满意时往往会退货，尤其是对服装来说，这也是服装退货率非常高的原因。很少有人会在产品没什么问题时由于服务或包装等方面的问题退货，这是因为产品是可以用的，服务不好，以后不买就是了。所以，在 DSR 动态评分里，服务评分是很重要的，而且服务评分的提升或服务质量的提升可以使用户对产品形成合理的期望。

一到大促的时候很多店铺的 DSR 动态评分会下滑得比较多，因为大促期间店铺关注的重点是业绩的增长，这导致忽略很多细节，这些被忽略的细节会引起用户的不满。一旦用户收到的产品没有达到他们的心理预期，用户就很容易给出低分，所以千万不要小看用户对这些细节问题的敏感度。

4.2 销售业绩成交路径指标

前面我们提到的门槛指标,是指该店铺的产品是否具备被平台展示曝光的资格,而对平台给予的曝光流量,商家能否把它转化为有价值的流量,就需要关注表4-1所示的与店铺业绩相关的指标。我们只有充分利用平台给予的流量,才能够真正不断从平台处获取流量,进而提升店铺的业绩。

表4-1 与店铺业绩相关的指标

指标名称	说明
曝光量	平台给予
点击率	初步意向
收藏/加购率	客户喜好度
客单价	客户认可度
转化率	客户认可度
退款率	客户满意度

除曝光量是平台给予的之外,其他指标都是体现店铺能力的指标,其中客单价、转化率、退款率3项指标构成UV(Unique Visitor,独立访客)价值。UV是独立访客,价值是独立访客所带来的贡献,UV价值即平均每个进店的独立访客产生的价值。UV价值的计算公式如下。

$$UV 价值 = 转化率 \times 客单价$$

4.2.1 点击率

点击率是指网页上某一内容被点击的次数与被显示的次数之比,它是一个百分比。点击率反映了网页上某一内容受关注的程度,经常用来衡量内容的吸引力。

平台能够给予商家的是曝光量(被显示的次数),产品展示的位置越明显,曝光量就会越大,但是有曝光量不代表店铺就有流量。想要获取更多属于店铺的流量,那就需要不断提高点击率。虽然目前平台数据工具中没有关于点击率的直接观察指标,但是优化主图是运营人员需要持续改进和测试的关键一环。很多时候我们习惯性地使用模板,但如果模板并没有我们想象的那么好,流量的获取就很容易被限制。

1. 市场关键词的点击率

市场关键词的点击率代表的是消费者通过搜索产品进入展示产品页面，点击产品链接，就会计入一次点击量，而市场关键词的点击率 = 页面产品点击量 ÷ 进入页面的访客数。我们可以通过生意参谋中的"搜索词排行"来查看关键词的排行情况，如图 4-3 所示。当一个产品的市场关键词点击率很高的时候，它的摆放形式、色调、主图的呈现等都是值得我们借鉴参考的，这样可以优化、提升自己的店铺的关键词点击率。

市场监控	搜索词排行	热搜	飙升			
监控看板	搜索词	热搜排名	搜索人气	点击人气	点击率	支付转化率
供给洞察	包包2020新款潮	1	58,446	47,330	91.49%	7.80%
市场大盘	包包	2	44,281	34,552	102.82%	5.28%
市场排行	小ck	3	42,952	33,383	185.46%	1.95%
搜索洞察	包包女 斜挎包	4	40,565	31,448	93.73%	7.35%
搜索排行	行李箱	5	39,816	30,746	93.74%	11.31%
搜索分析	女包	6	33,936	27,302	114.13%	5.16%
搜索人群	斜挎包女	7	32,661	25,333	99.18%	5.83%
客群洞察	双肩包	8	32,491	23,962	99.01%	6.12%
行业客群	包包女	9	31,907	25,012	101.92%	5.91%
	包	10	31,798	23,709	114.21%	5.29%

图 4-3 "搜索词排行"数据

从图 4-3 的数据可以看出，"小 ck"这个词的点击率就很高，当然这跟品牌和仿款有关。

2. 直通车广告图点击率

在日常运营过程中，我们需要多关注竞争对手的付费直通车广告图。比如，当我们搜索一些核心的关键词时，可以看到竞争对手的广告图一直没有更换。对于这种广告图，我们可以拿来借鉴和测试。试想，长期投放的广告图，如果反馈效果不好，竞争对手也不会一直投放。因此，我们要动态地长期关注竞争对手的直通车广告图的变化。

3. 单品点击率换算

单品点击率指的是引入店铺产品的首次点击率。如果开通了直通车服务，我们可以换算出单品主图的点击率。在直通车后台，单品计划有两个指标：自然流量转化金额和自然流量曝光。这两个指标实际上也是平台在告知商家，投放直通车，平台就会给予商家免费的搜索流量。因此我们通过这两个指标，结合投放产品自身的搜索渠道的转化率和产品单价，就可以反推出该产品的点击率。表 4-2 所示为某单品的直通车相关数据。

表 4-2　某单品的直通车相关数据

指标名称	数据
单价	69 元 / 件
自然流量转化金额	356491.75 元
自然流量曝光	8782479 次
手淘搜索平均转化率	9.74%

点击率的计算公式如下。

点击率 = 自然流量转化金额 ÷ 自然流量曝光 ÷ 手淘搜索平均转化率 ÷ 单价

根据上述公式计算出来的点击率约为 0.6%，这个数值还有很大的优化空间，而且店铺有这么高的曝光量，点击率哪怕提升一点点，获取的流量也是很可观的。单品点击率是一个非常关键的指标，尤其是在新品上市阶段，点击率更能凸显产品能力，因此要特别重视新品的主图。

4. 关联产品的引流点击水平

在实际的运营过程中，店铺转化率其实很低，所以我们往往会进行流量的内循环提升。流量的内循环涉及整个商品的页面布局、价格段布局、品类布局、搭配布局等。那么，如何让流量进行内循环，如何把这些信息传递给用户、获取流量，以及配合我们针对整个分类页面所做的营销方案呢？我们可以通过分析图 4-4 所示的"店内路径"（生意参谋→"流量纵横"→"店内路径"）各页面的相关数据来优化流量分配，从而提高流量的利用率。

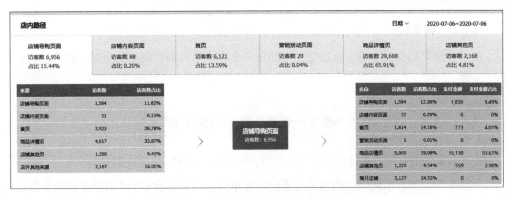

图 4-4　"店内路径"各页面的相关数据

"店铺导购页面"的数据主要来源于首页和商品详情页,我们设计导购页面的目的就是将流量再次引到商品详情页。通常访客进店后又离开就会产生一定的跳失率,我们要做的优化工作就是通过导购页面降低访客离开店铺的比例,并且将其引导到我们想让他们到达的页面。所以,我们需要分析主力产品与关联产品之间引流的点击水平、首页的二次分配能力、分类页面的二次分配能力。比如,一个店铺的平均访问深度是 8.5 个页面,也就是说一个访客进入店铺会看 8.5 个页面,这个访问深度其实算高了。

4.2.2 收藏率和加购率

收藏率和加购率是评估用户对产品喜好度的重要指标,尤其是加购率,它能够很好地反映用户对产品的喜好度。比如一个人喜欢某件产品,但是考虑到价格和需求问题,他不一定会马上购买,但他可能会先收藏、加购。

对于运营来说,要保持淘宝首页的流量稳定,非常关键的一点就是要保证收藏率与加购率。一些用户在打开淘宝首页之后,并没有非常强烈的购买欲望,这类用户不具备直接的转换能力,但如果你能够先诱导他们收藏或加购物车,那你就离成功更近一步了。

收藏率和加购率要结合转化率来分析。如果你的收藏率和加购率很高,但转化率较低,即店铺处于高收藏、高加购、低转化状态,那你就要考虑产品本身的性价比问题。这时可以从以下两方面进行改善。

(1)直接降价(同时研究竞争对手的定价)。

(2)提价再打折(营造紧迫感)。

另外,当这些指标存在问题时,商家可以考虑启动智钻投放,在二级分类页面中直接开展智钻促销来吸引用户。

4.2.3 客单价

客单价即平均交易金额,是指店铺中的每一个客户平均购买商品的金额。客单价的计算公式如下。

$$客单价 = 销售总额 \div 成交总笔数$$

提高客单价的常用方法是捆绑销售、买赠、加价购、换购,以及关联销售。

一般来说,来自不同渠道的客户有不同的客单价。可以结合 CRM 数据来提高客单价做关联性分析。

4.2.4 转化率

转化率是指在一个统计周期内,完成成交的次数占总点击次数的比例。转化率的计算公式如下。

$$转化率 =(产生购买行为的客户人数 \div 所有到达店铺的访客人数)\times 100\%$$

转化率其实就是"把合适的产品卖给合适的人",但是运营人员不能单纯地看产品的转化率,而是要从多个方面来解析转化率。

1. 渠道转化率

在分析转化率时,首先要分析的是流量的精准性。所以我们往往会从渠道的角度分析,包括从搜索转化、付费转化、收藏/购物车转化、搜索的关键词和产品的匹配程度等方面分析流量。比如,今天转化率下降了,原因是访客流量突然增加了很多,从而拉低了转化率。

我们可以通过生意参谋→"流量纵横"→"店铺来源"查看店铺产品的流量来源,图 4-5 所示为某店铺的产品流量来源。通过查看流量来源,我们可以了解不同渠道的流量带来的访客数的多少和转化效果。这个店铺的免费流量主要来自手淘搜索和手淘推荐,其中手淘推荐流量的转化率远远低于手淘搜索。因此,这个店铺要在手淘搜索的引流方面多下点儿功夫,并设计更多的兴趣点来吸引客户。

流量来源	访客数 ⇅	下单买家数 ⇅	下单转化率 ⇅
● 淘内免费	22,160 -1.14%	288 -17.00%	1.30% -16.05%
手淘搜索	9,182 -3.57%	109 -23.78%	1.19% -20.95%
● 手淘推荐	7,731 +5.72%	20 -25.93%	0.26% -29.93%
手淘其他店铺商品详情	3,950 +0.20%	164 -10.38%	4.15% -10.56%
淘内免费其他	2,215 -13.31%	77 -15.38%	3.48% -2.40%
手淘微淘	932 -11.24%	10 -16.67%	1.07% -6.12%
手淘淘金币	518 +34.20%	3 +200.00%	0.58% +123.55%

图 4-5 某店铺的产品流量来源

对渠道转化率的分析可分为 3 步:

(1)考虑渠道是不是发生了变化;

（2）考虑人群有没有发生变化，一定要每天记录、统计人群数据；

（3）考虑产品有没有问题，确定产品没有问题后，就要分析产品在整个市场中的竞争优势在哪里，是因为品牌影响力大，还是营业销量高，或是评价好。

2. 产品转化率

产品转化率是运营过程中需要重点关注的一个指标，没有点击就没有流量，而没有转化就没有成交。因此，产品转化率成为很多运营人员测试产品潜力的关键指标。但是有人觉得这个指标不准，因为明明某产品早期的转化效果还不错，到后面就变差了。其实这并不是因为产品本身有问题，而是因为产品的潜力不具备大众化的特点，产品获取的流量到一定水平时，产品转化率就会下滑得很明显。

所以，在测款时，我们要把握以下几点。

第一，对于想要大力推成爆款的产品，首先要去研究这个产品跟市面上的爆款产品是不是类似的，是不是同样没有过度的人群限制；或对市面上的爆款产品的价位、人群等方面进行相应的分析。

第二，在测款时，尽量分散人群，或者不限定人群。

第三，当决定把一个款列为主推款时，可以增加投放量，通过大量的测试来看综合效果，以此判定这个产品的潜力。

如果要做调性产品，比如已经有两个引流产品了，想要再打造一些利润型的产品，那么在测款时就不要分散人群，而是要针对具备增长性的人群投放流量。

我们不能把每个产品都定为爆款，这一点在产品布局时就要考虑清楚。

由于前期流量少，平台会针对你的店铺人群标签或产品人群标签给予较高精准度的流量。如果你的产品好，那么转化率也会相对表现良好，但是精准人群毕竟是有限的，随着产品的数据表现越来越好，平台就会慢慢地放宽人群标签精准度标准。一旦放宽，转化率就会开始下滑，这时流量也会开始减少，减少到一定程度后，就会处于平缓状态，我们通常把这个状态叫作潜力值平衡。

3. 询单转化率

询单转化率就是指在咨询的客户中成交客户的占比。比如，有 10 个客户咨询产品，有 3 个客户购买成交了，询单转化率就是 30%。影响转化率的因素很多，但很多人都忽略了询单转化率。运营人员需要看得更全面，这样在解决转化率问题时才会有更多的思考。

影响询单转化率的因素有很多，比如客服人员的更换、询单人数超过客服接待数量、客服的业务能力、产品的优势，等等。因此，我们要从多方面思考如何提升询单转化率。一般来说，提升询单转化率的途径包括以下几种。

（1）降价。

（2）提高产品的客户满意度。

（3）提高产品的销量。

（4）提升客服询单转化能力。

（5）优化详情页以延长停留时间。

（6）开展活动。

（7）上新款，促使老客户占比增加。

> **名师点拨**
>
> 除了以上提升客服询单转化率的途径，商家还可以通过以下几种方法来提升客服的询单转化率：强化对客服的绩效考核，设置快捷回复，定期对客服进行专业培训使之熟悉产品知识和订单催付技巧等。

4.2.5 退款率

退款率是指卖家在近 30 天内成功退款、售后的订单数占近 30 天内成交订单数的比例。退款率的计算公式如下。

$$退款率 = \frac{近30天内成功退款、售后的订单数}{近30天内成交的订单数} \times 100\%$$

比如，卖家小刘在 5 月 16 日至 5 月 30 日成交 100 笔，成功退款、售后 10 笔；6 月 1 日至 6 月 13 日成交 80 笔，成功退款、售后 8 笔；6 月 14 日至 6 月 15 日无成交订单，无退款、售后订单，则小刘在 6 月 17 日的退款率 =（10+8）÷（100+80）×100% =10%。

退款率也可以用于分析产品的问题、供应量的问题、客户不喜欢产品的真实原因等，对于这些问题，商家要让客服做真实的记录，并记录到 ERP 系统中。同时，商家要把产品质量问题反馈给相应的供应商，以便供应商进行质量问题的监控。

名师点拨

退款率只包含售中和售后的仅退款和退货退款两种类型。换货、维修、补寄等退款不计入退款率。

4.3 页面布局分析指标

与页面布局分析相关的指标通常包括访问深度、人均停留时间和详情页停留时间,下面分别进行介绍。

4.3.1 访问深度

访问深度是指用户一次连续访问的店铺页面数。这个指标考核的是店铺的页面布局及流量的引导能力。访问深度除了与店铺的排版有关,与美工设计的引导页面也是息息相关的。因此,我们可以通过进行合理的排版和布局,制作具有视觉冲击力的主图、广告图和详情页,以及开展多种活动来引导用户点击、浏览和停留。

访问深度的计算公式如下。

$$访问深度 = 页面浏览量 \div 独立访客 = PV \div UV$$

名师点拨

访问深度越大,也就是 PV(Page View,页面浏览量)和 UV(Unique Visitor,独立访客)的比值越大,说明用户体验越好,店铺的黏性也越强。

4.3.2 人均停留时间

人均停留时间是指所有访客在访问过程中,平均每次连续访问店铺的停留时间。访问深度要结合人均停留时间来进行分析。如果人均停留时间很短,访问深度很深,那说明产品展示得不明显,用户看了好多页面(产品)都没有看到自己想要的东西,用户会觉得很累,所以不是访问深度越大就越好。

4.3.3 详情页停留时间

我们在优化详情页的时候，不能单纯地看详情页停留时间，因为并不是用户在详情页停留的时间越长越好。增加或减少详情页内容对转化率有何影响，要结合转化率来进行分析。

4.4 商品分析的指标

商品是运营的"子弹"，没有商品就不会有买卖，但是一些运营人员的关注点永远都在爆款商品的销售上，对其余商品的库存情况往往不会太过留意，认为只要爆款商品的库存充足就可以。对运营人员来说，商品的布局和库存情况是提升业绩的关键；对公司来说，商品是资金运转的命脉，所以运营人员不能只考虑一个方面。

4.4.1 上架 SPU 数

运营人员一定要知道自己的店铺到底上架了多少个产品，很多运营人员不关注这一点是因为线上店铺的空间是无限的，不用担心产品摆放的空间不够。但是如果产品线很长，对于需要备货的商家来说，SPU 是必须要关注的。

4.4.2 SPU 的平均可分配流量

1. SPU 的平均可分配流量的计算公式

$$SPU 的平均可分配流量 = 页面浏览总量 \div 在售商品数$$

测算 SPU 的平均可分配流量可以确定产品数是否合适。

假如店铺的转化率为 1%，那就说明 100 个流量可以转化为 1 个销量，如果最低的一笔下单量是 30 个销量，那就需要 3000 个流量，说明一个月要能够导入 3000 个流量，平均一天就要导入 100 个流量。假如一天的流量是 5000 个，一个产品需要 100 个流量，那就可以平均分配给 50 个产品。

这是一个理想状态下的平均分配，实际情况不是这样的，但它可以给我们提供参考。如果你的店铺处于发展初期，你就不要一次上架太多的产品，而要有计划地上架。因为如果上架太多产品，而你不关注或没有精力关注，反而会影响动销率。

2. 按品类划分 SPU 平均可分配流量

按品类划分 SPU 平均可分配流量其实就是根据不同品类进行划分，它往往是针对拓展性品类的。也就是说，当店铺已经有一个成熟品类了，要进行品类扩展时，商家可能就需要按品类划分 SPU 平均可分配流量。这种情况常见于店铺的品类相对稳定和成熟时。

4.4.3 产品销售集中度

产品销售集中度主要用来显示店铺的前多少个产品的销售额、流量分别占销售总额和总流量的比例，比如店铺前 10 个产品的销售额、流量分别占销售总额的 80%、总流量的 70%。

产品销售集中度对于我们日常进行活动备货、确定产品开发数量具有参考价值。比如在活动期间，并非所有产品都需要备货，我们应关注重点产品的库存情况，因为在活动期间，流量会更多地向主力产品倾斜，主力产品的爆发力会是平时的几倍甚至几十倍。

4.4.4 动销率、库销比

1. 动销率

动销率是指有销量的产品品种数与在售产品总品种数的比值。店铺产品的动销率通常是以 30 天为一个时间段来计算的。动销率的计算公式如下。

$$动销率 = 30 天内有销量的产品品种数 \div 在售产品总品种数 \times 100\%$$

对于动销率，商家要注意以下几点。

（1）动销率不一定越高越好。

（2）动销率等于 100% 也不一定就是正常的，动销率小于 100% 也不一定就是滞销产品导致的。因此，我们不要只看表面，而是要透过表面找到问题的实质。

（3）如果动销率超过 100%，说明在某个时段该分类下的销售产品品种数大于现有库存的品种数，该分类出现了品种数流失的现象。其原因是产品缺货、停进停销，解决方法是运营人员应加强对店铺产品进销存的管控，学会用数据分析来监控产品的经营情况，而不是根据经验开展运营工作。

（4）如果动销率小于 100%，说明该类产品存在滞销的问题，至少在查询的会计期间存在一定比例的滞销情况。滞销的原因可能有以下几点。

① 品种过多，特别是同质同类品种过多。

② 进货品种的结构不合理。

③ 该类产品的陈列、促销等策略需要调整。

④ 虚拟库存过多。解决方法有：加强市场调查，引进更加符合消费者需求的产品；调整不动销产品的陈列位置和销售价格；加大对进行促销后仍无起色的产品的退货力度；及时调整虚拟库存和增加适销库存。

名师点拨

店铺经营中，一个店铺的产品超过 10 款，就应关注动销率的权重，产品并不是铺得越多越好。如果一个店铺的产品很多都是长期卖不出去的，那这些产品存在的价值就等于零，店铺需要持续地更新产品。

2. 库销比

库销比是指库存量与销售额的比率，它是衡量库存是否合理的指标，通常有月库销比、年平均库销比等。

库销比计算公式如下。

$$月库销比 = 月平均库存量 \div 月销售额$$
$$年平均库销比 = 年平均库存量 \div 年销售额$$

提示

库销比过高，说明库存量过大，销售不畅；库销比过低，说明生产可能跟不上销售。

库销比是用来分析产品或者商家目前的可售周期的。对于爆款，我们可以根据售卖周期和生产周期提高备货量。但是对于常规款，基本上库销比能够满足一个生产周期就可以了，比如生产周期为半个月，那么基本上备能卖一个月的产品就可以了（也就是库销比为 2）。

4.5 实践与练习

1. 某推广人员开直通车，发现某个产品计划的点击率高于行业均值的 2 倍，因此判断该直通车图是优秀的，这种判断方法是否正确？
2. 对于电商核心销售额公式：销售额 = 访客数 × 转化率 × 客单价，你是如何理解的？

第5章 生意参谋的市场应用

对于一名数据运营人员而言,研究市场数据是必不可少的。无论是市场新人还是市场老手,在瞬息万变的市场环境下,如果不借助数据来观察市场的变化,在运营过程中就很难快速做出响应。本章将借助生意参谋这个数据工具,来介绍与市场数据相关的一些运营分析案例。

5.1 通过市场大盘把控流量的变化

所有的商家都希望自己店铺的流量不要下滑,而其实阻止流量下滑的秘诀就隐藏在市场大盘的数据里,当然这里的阻止流量下滑是相对而言的,是指自身店铺的流量能够跟上大盘的走势。很少有商家可以做到在整个行业的流量下滑时,保持自己店铺的流量不下滑(虽然逆势增长的商家也有,但那毕竟是极少数)。其实,商家可以通过数据跟进和分析,对流量进行把控,让店铺流量在整个行业流量下滑的过程中仍能够保持一定的稳定性。下面我们将为大家讲解具体的操作方法。

5.1.1 找出流量下滑的原因

要想阻止流量下滑,首先就要搞懂流量下滑的原因。图5-1所示为一家店铺的销售额趋势(实线是该店铺的销售额趋势)。

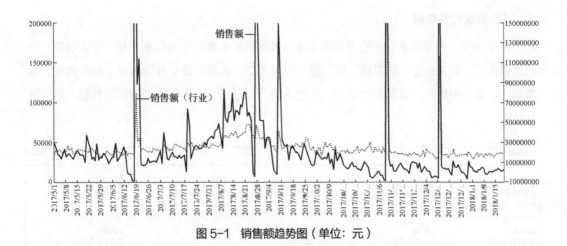

图 5-1 销售额趋势图（单位：元）

在图 5-1 中，左侧的纵坐标轴为店铺销售额，右侧的纵坐标轴为行业销售额。我们将整个行业的销售额数据和该店铺的销售额数据进行对比，不难发现，产品的销售周期受行业季节性的影响是比较明显的。当行业销售额处于增长期的时候，店铺的表现良好，销售额增长得也比较快；但当行业销售额处于下滑期时，由于运营人员在下滑前期缺乏控制意识，导致店铺销售额快速下滑。

其实，这和股票市场十分类似，当股票市场为熊市的时候，大部分股票价格都会下跌。在整个行业销售额都在下滑的时候，商家也难以独善其身，但是平台希望商家能够稳住市场，因为一旦头部商家的销售额快速下滑，那势必会引起行业销售额的下滑。所以在这个时候，销售额下滑快的商家，尤其是头部商家往往会被平台抛弃，如此一来，又会加大流量下滑的幅度。

所以，店铺自身流量的下滑与行业整体的趋势是分不开的，在行业下滑期，店铺保持流量的稳定就变得非常重要了。

5.1.2 监控不同阶段的行业数据

我们找到流量下滑的原因后，知道了阻止流量下滑的关键是要保持自身数据不跌破行业大盘。行业数据的整体表现对店铺而言非常关键，运营人员需要持续地监控这些市场数据。下面我们将详细介绍在不同阶段应该关注哪些行业数据，以帮助运营人员掌握店铺数据与行业数据之间的差异。

1. 获取行业数据

对于淘宝、天猫商家，生意参谋的市场行情提供了丰富的市场数据，如"行业趋势"中的搜索人气、搜索热度、访客数、浏览量、收藏人数、收藏次数、加购人数、加购次数、客群指数、交易指数等，如图 5-2 所示。运营人员可以通过生意参谋下载有用的数据，然后进行分析。

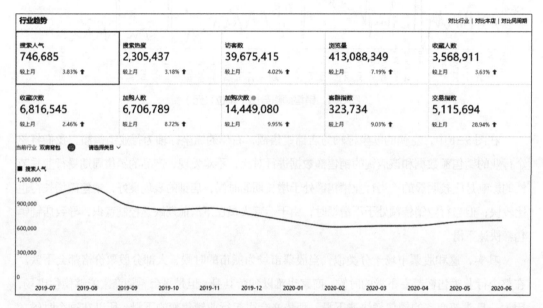

图 5-2 "行业趋势"中的数据

如果使用的是其他平台，商家也可以根据平台所提供的数据来灵活分析。

2. 收集上升阶段的行业数据

找到这些数据以后，我们如何使用这些数据呢？这时我们需要将自己店铺的数据与整个行业的数据进行比较。我们不需要对整个阶段的数据进行分析，只需重点分析上升阶段和下滑阶段的数据。

上升阶段是指搜索人气呈上升趋势的时间段，如图 5-3 所示。在上升阶段，主要比较的是指标的增长率。

第 5 章
生意参谋的市场应用

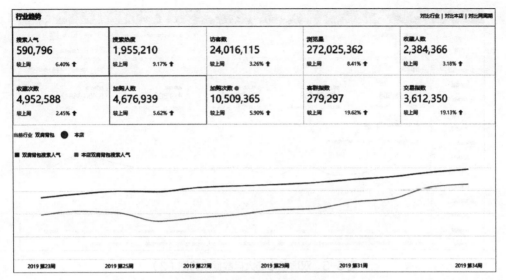

图 5-3　上升阶段的行业数据

在上升阶段，市场需要的流量不断增长，这时平台面临如何分配流量才能够让平台销量最大化的问题。这个阶段的商家的流量变现能力是很关键的，平台会更加关注各种指标，比如点击率、转化率、加购率等。在上升阶段，我们主要收集这些数据，然后进行分析。

接下来，我们把生意参谋中的市场大盘数据（见图 5-4 和图 5-5）整理成表格，如表 5-1 所示。

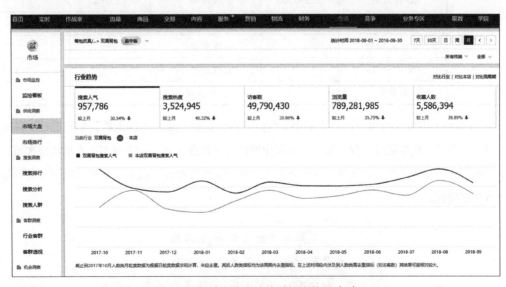

图 5-4　双肩包市场大盘数据走势图（1）

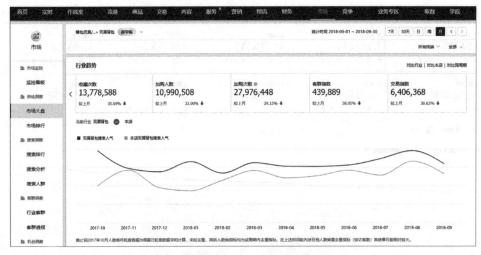

图 5-5　双肩包市场大盘数据走势图（2）

表 5-1　数据明细

访客数	行业数据	数值	行业比率	行业指标	本店指标
49790430	收藏人数	5586394	收藏率	11.22%	
	收藏次数	13778588	人均收藏次数	2.47	
	加购人数	10990508	加购率	22.07%	
	加购次数	27976448	人均加购次数	2.55	
	支付买家数		转化率		
	支付件数		支付连带率		
	浏览量		访问深度		

从表 5-1 中可以看出，行业数据中有收藏人数、收藏次数、加购人数、加购次数以及浏览量等。有了这些数据后，我们就可以计算出要比较的行业比率，如收藏率、人均收藏次数、加购率、人均加购次数、转化率、支付连带率、访问深度等指标。我们可以通过以下公式计算出各数据指标。

$$收藏率 = 收藏人数 \div 访客数$$

$$人均收藏次数 = 收藏次数 \div 收藏人数$$

$$加购率 = 加购人数 \div 访客数$$

> 人均加购次数 = 加购次数 ÷ 加购人数
> 转化率 = 支付买家数 ÷ 访客数
> 支付连带率 = 支付件数 ÷ 支付买家数
> 访问深度 = 浏览量 ÷ 访客数

根据以上公式，我们可以算出行业的收藏率是11.22%；用收藏次数除以收藏人数，得到人均收藏次数为2.47，也就是说行业人均收藏2.47个产品；加购率是22.07%，人均加购次数是2.55。从这些数据中可以看出加购率高于收藏率。加购率比收藏率更能体现用户对产品的喜好度，因此，加购率指标也比收藏率指标更加重要，其权重也更高。

接下来我们要计算转化率以及支付连带率。从阿里巴巴官方及商家的角度来讲，支付连带率是一个很重要的指标，随着越来越多的类目触及流量天花板，商家在同等流量下销售更多产品的能力已成为平台考核商家的一个非常关键的指标。

要计算这些指标，我们就要知道支付买家数和支付件数，但是图5-4和图5-5所示的数据源中是没有这些数据的，我们需要另外去查询。我们可以在生意参谋的"属性洞察"页面中找到我们想要的数据，如图5-6所示。

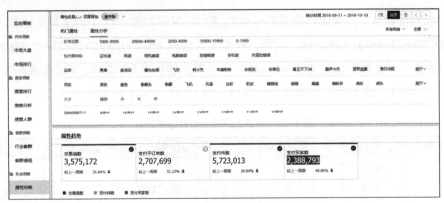

图5-6 "属性洞察"页面

"属性洞察"页面中的"属性分析"里有很多类目可以选择。我们在选择时要遵循以下两个原则。

（1）选择上架产品必填的属性，这样才能获得全行业的支付数据。

（2）选择选项比较少的属性，这样便于收集、统计。品牌、颜色这类属性的选项非常多，统计起来很麻烦，一般都不要选，而要选择大小这类属性。比如，一个双肩包的大小，一般只会分为迷你、小、中、大4类，相关数据收集统计起来就很方便，而且这个属性是产品必填项。

这里我们选择用"是否可折叠"属性来统计，因为只有"是"和"否"这两个选择条件，采集数据时只需要将这两个选项的数据相加即可。图5-6和图5-7分别展示的是"是否可折叠"属性为"是"和"否"时的数据。

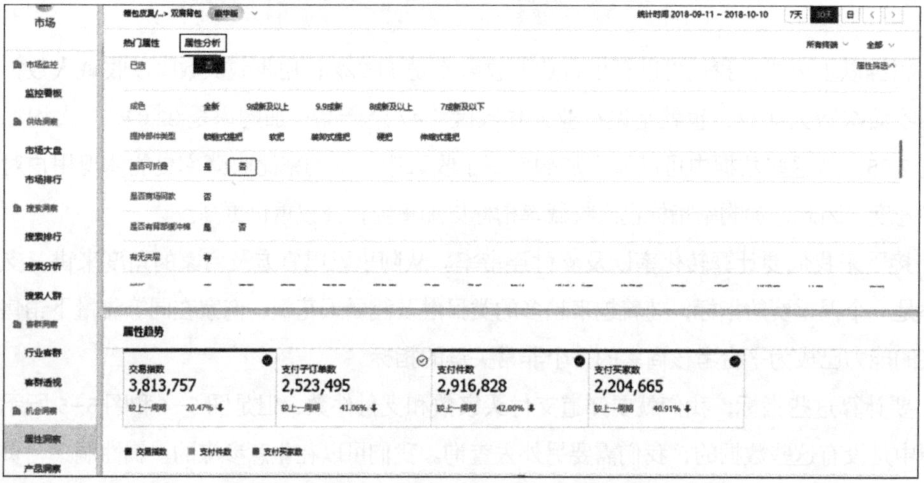

图 5-7 "是否可折叠"属性为"否"时的数据

对应的行业支付买家数应是图5-6中的支付买家数与图5-7中的支付买家数之和，即 2388793+2204665=4593458；同理，行业支付件数 =5723013+2916828=8639841。知道了行业支付买家数和行业支付件数，就可以计算出转化率为9.23%，支付连带率为1.88。而访问深度等于浏览量除以访客数，计算结果为15.85，如表5-2所示。

表5-2 市场上升期大盘数据统计表

访客数	行业数据	数值	行业比率	行业指标	本店指标
49790430	收藏人数	5586394	收藏率	11.22%	
	收藏次数	13778588	人均收藏次数	2.47	
	加购人数	10990508	加购率	22.07%	
	加购次数	27976448	人均加购次数	2.55	
	支付买家数	4593458	转化率	9.23%	
	支付件数	8639841	支付连带率	1.88	
	浏览量	789281985	访问深度	15.85	

在行业大盘的上升阶段，我们可以计算相关指标的数据，通过这些指标的数据来判断行业的流量价值水平，再把自己店铺或产品的相关数据统计出来进行比较，对自己店铺较差的数

据指标进行优化,从而在行业上升阶段获得更多的平台流量。

3. 收集行业下滑阶段的数据

下滑阶段是指搜索人气呈下滑趋势的时间段。由于这个阶段的流量格局已经形成,平台已经没有必要过度地更替新手商家,也没有太大必要去扶持一些新产品,其重心已经转移到成熟的产品上,因此商家和平台要注重的是增长率问题而不是比率问题。也就是说,商家这时的重点在于不要让自己的店铺在行业下滑阶段的下滑幅度大于行业的下滑幅度,这样才能保持一定的稳定性。

在表5-3中,我们主要查看的是行业增长率。

表5-3 市场下滑期大盘数据统计表

访客数	行业数据	9月数值	8月行业	行业增长率	本店增长率
49790430	收藏人数	5586394	7855486	−29%	
	收藏次数	13778588	21425698	−36%	
	加购人数	10990508	16403042	−33%	
	加购次数	27976448	45978851	−39%	
	支付买家数	4593458	5874236	−22%	
	支付件数	8639841	10754890	−20%	
	浏览量	789281985	1228466425	−36%	

如果某些产品加大了行业的下滑幅度,产品就很可能被平台抛弃。比如,如果行业的下滑幅度为30%,而你的产品下滑幅度为60%,那么你的产品就非常容易被平台在尾部阶段抛弃。所以,如果在下滑阶段没有做好流量的支撑,那么你的店铺的流量就可能会急速减少,甚至可能在行业还处于下滑阶段时,你的店铺就已经没有流量了。

4. 防止淡季流量下滑的方法

大家都知道,旺季的流量增长很快,而淡季的流量则会下滑。所以,在淡季,我们需要做好流量的支撑,以防止流量下滑。

通常情况下,有以下3种方法可以防止淡季流量下滑。

(1)扩充品类。

商家可进行品类扩充,通过品类布局减小季节性对店铺的影响,以降低流量下滑幅度。

(2)刺激购买欲。

在淡季,消费者的消费需求减弱,这时我们需要开展一些促销和优惠活动。活动并不局限于处理积压的产品,如可以做新品打折促销活动,以此来刺激消费者的购买欲,从而保证流量不下滑。

（3）聚集有需求的人。

智钻是淘宝平台为卖家提供的一个精准引流的营销工具。通过智钻，卖家可以将有购买欲望的人群聚集在一起，从而进行精准的引流和营销。智钻主要是依靠图片创意吸引买家点击，从而获取巨大流量。卖家要做好产品的图片创意设计，以吸引更多买家点击和购买。

5.2 中小卖家如何制定销售目标

在刚进入一个行业时，卖家往往需要制定店铺销售目标，销售目标的准确性和合理性不仅会影响店铺前期的投入，也会影响店铺后期的利润空间。因此，制定店铺销售目标对店铺有着至关重要的作用。那么中小卖家应该如何制定销售目标呢？本节将具体讲解中小卖家应该如何制定一个合理的初始销售目标。

5.2.1 中小卖家销售目标的制定

以双肩包类目为例，我们先来看表5-4，这是根据双肩包行业TOP500卖家一个月的支付件数制作的销售目标数据表。

表5-4 双肩包市场销售目标

项目	行业	TOP500卖家	有交易卖家	剩余市场
卖家数	506257	500	13587	13087
支付件数/件	8507782	5831258		2676524
市场占比	100%	69%		31%
平均销售量/件				205
行业平均件单价/元		99		
二八定律修正数据（去除TOP500卖家）				
二八定律分配	20%			80%
有交易卖家数	2617			10470
支付件数/件	2141219			535305
目标销售量/件	818			
目标销售额/元	80982			

为什么要把TOP500卖家的数据提取出来呢？因为中小卖家在刚进入市场时，在各方面都竞争不过TOP500卖家（如果是比较小的类目，可以选择TOP50卖家），那就需要先把

这一部分卖家所占的市场份额除去，再看看还有多少市场可以供抢占。因此，我们要先提取 TOP500 卖家的支付件数。

从表 5-4 中可以看出，TOP500 卖家的支付件数为 5831258 件/月，行业支付件数为 8507782 件/月。由此可以得出，TOP500 卖家的支付件数占行业支付件数的 69%，其集中度非常高。

剩余的双肩包市场份额（支付件数）为 2676524（8507782-5831258）件，然后我们要分析这 2676524 件的份额是由多少卖家分配的。

通过生意参谋，我们可以看到整个行业中双肩包卖家有 506257 家，虽然数值看起来比较大，但是这里面有一部分卖家是没有交易的，所以后面还有修正数据。数据修正后，有交易的卖家还剩下 13087 家（不包含 TOP500 的卖家数），与原始数据差距巨大。由此我们也可以看到，大部分的卖家连交易都没有，而这部分卖家也不是我们该关心的，我们要抢占的是剩余的 13087 个有交易的卖家所占的市场份额，这是我们的目标市场。

如果将这 2676524 件产品平均分配，则各卖家的销售件数约为 205（2676524÷13087）件/月。当然，在现实中销量不可能是平均的，因此我们采取二八定律来重新分配。其具体计算方法是，先排除 TOP500 的卖家，然后为剩余卖家中排名在前 20% 的卖家分配 80% 的销量。排名在前 20% 的卖家为 2617（13087×20%）家，这些卖家的销量可能占剩余市场份额的 80%，也就是 2141219（2676524×80%）支付件。这样计算，这些卖家一个月的平均销售量就在 818（2141219÷2617）件左右。

那么对于中小卖家来说，一个月完成 818 件左右的销量是比较合理的。根据行业平均件单价 99 元（具体计算方法详见 5.2.2 小节的相关内容），这些卖家销售 818 件就能实现每个月约 80982（99×818）元的销售额。接下来我们就重点讲述以上数据从哪里获取。

提示

上述计算中，计算结果是取四舍五入后的数值，如 818 件的销售量只是一个近似值，因此在后面计算销售额时与实际值会有一定出入。

名师点拨

以上计算方式比较适合新手卖家用来制定目标。如果是已有一定实力的卖家，则可以根据标杆卖家来制定目标。

5.2.2 TOP500 卖家数据的获取方式

表 5-4 中有一些用虚线框标记的数据，分别是 TOP500 卖家支付件数、行业支付件数、有交易卖家数，这些数据需要通过生意参谋工具来获取。下面介绍这些数据的具体获取方式。

1. 行业支付件数

打开生意参谋→属性洞察→属性分析，如图 5-8 和图 5-9 所示，然后把"是否可折叠"属性中的"是"和"否"两个选项里面的数据相加，计算出总支付件数。这里"是"中的支付件数为 5658519 件，"否"中的支付件数为 2849263 件，它们加起来就是该类目的行业支付件数——8507782 件。

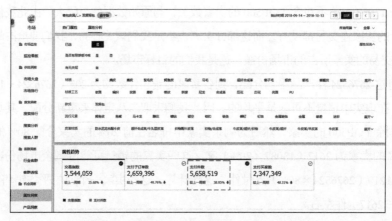

图 5-8 "是否可折叠"属性为"是"时的数据

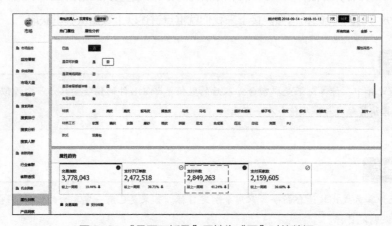

图 5-9 "是否可折叠"属性为"否"时的数据

2. TOP500 卖家支付件数

获取行业支付件数后,我们将"是"和"否"两个选项中的所有数据都复制到 Excel 表格中,然后在数据透视表中进行计算。

首先把店铺名称与支付件数等数据添加到图 5-10 所示的数据透视表中,然后对数据求和并进行排序(按交易指数降序排序),就可以得到 TOP500 卖家支付件数为 5831258 件,再用这个数值除以行业支付件数,就可以计算出 TOP500 卖家的双肩包市场占比约为 69%(5831258÷8507782×100%)。

扫码看视频操作

图 5-10 数据透视表中的数据

3. 行业卖家数及有交易卖家数

(1)查看行业卖家数及有交易卖家数。我们需要在生意参谋的市场大盘中查看这个数据,但不能选择子类目,必须选择全部,这样才会出现行业构成、卖家概况、子行业分布等数据。

为了避免巨大差异,只能选择具体某一天的数据,不能选周或者月,否则卖家数会叠加出错。选择双肩包的日销售数据,如图 5-11 所示,我们可以看到卖家数是 506257 个,而有交易的卖家数只有 13587 个。

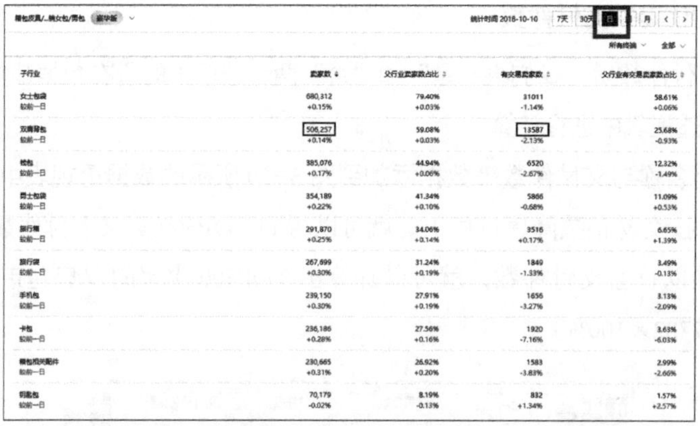

图 5-11　行业卖家数和有交易卖家数计算所用信息

（2）计算剩余市场份额（目标市场）。剩余市场份额 = 行业支付件数 − TOP500 卖家支付件数 = 8507782−5831258=2676524（件）。

（3）修正数据。剩余的市场中，有交易卖家数是 13087（13587−500=13087，去除 TOP500 卖家后剩余的卖家数），然后用剩余市场份额除以有交易卖家数，得出剩余市场的平均月销售量约是 205（2676524÷13087）件。

（4）用二八定律计算，分别计算排名前 20% 的有交易卖家数（13087×20%），为其分配 80% 的剩余支付件数（2676524×80%），得出的结果分别约是 2617 家、2141219 件，再计算出平均销售量约为 818（2141219÷2617）件，这就是我们的目标销售量。

4. 行业平均件单价

行业平均件单价 = 行业交易金额 ÷ 行业支付件数，这里由于我们不能直接获取行业交易金额，因此从平台搜索页面获取销量排名 TOP500 卖家的平均件单价作为行业平均件单价来统计。

（1）搜索行业类目词"双肩包"。

（2）按照销量从高到低排序。

（3）选择列表模式，如图 5-12 所示。

（4）将销量数据复制到 Excel 表格中，如图 5-13 所示。

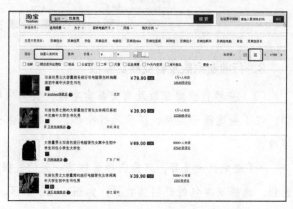

图 5-12　搜索 TOP500 卖家销量数据

图 5-13　将销量数据复制到 Excel 表格

（5）对数据进行处理，最终得到行业平均件单价为 99 元，如图 5-14 所示。具体的数据处理方式详见视频讲解。

收货总人数	销售总额	平均件单价
270900	26860287	99

图 5-14　计算行业平均件单价

扫码看视频操作

根据以上数据，我们可以快速地做出新店的目标销售计划，然后设计产品线、价格带以及投放计划，做好目标拆解。当我们完成一个销售目标后，再去考虑下一个销售目标。

5.3　把握时机，成功打造爆款

众所周知，好的时机是成功的关键。在电商运营过程中，打造爆款也要讲究天时、地利、人和。为了提高成功打造爆款的概率，在实际运营中，运营人员要做好对先决条件的时间把控，利用恰当的时机提升店铺成功打造爆款的概率。

5.3.1 找寻恰当的入市时机

抓住恰当的时机建立在运营人员对市场长期观察的基础之上。运营人员需要定期收集行业市场的相关数据，可借助生意参谋、知衣科技、情报通等工具来收集数据源。

1. 行业增长带来的契机

任何行业都会出现周期性的增长与下跌，如果我们能够精准地把握行业的增长规律，并提前布局，抓住增长带来的契机，就可以获得丰厚的利润。例如，在图 5-15 中，某类市场关键词在 3 月 29 日之前一直处于搜索人气较低的阶段；3 月 30 日后，该类市场关键词的搜索人气就急速上升，一直持续到 4 月 5 日；稳定一周后，从 4 月 10 日开始，该类市场关键词的搜索人气又进入了一个新的上升期。如果我们能够在这些上升期开始的节点之前进入市场并做好准备，那么，成功打造爆款的概率是非常大的。因此，打造爆款一定要选择合适的时机，这样方可事半功倍。

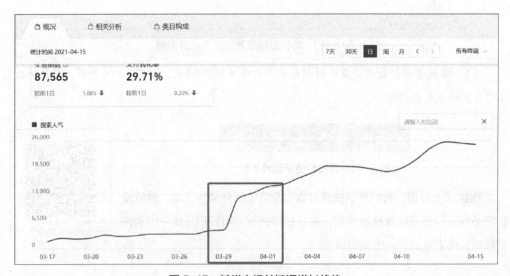

图 5-15 某类市场关键词增长趋势

2. 材质需求的增加引发新的商机

虽然市场是动态变化的，但是我们可以通过数据来分析市场变化的趋势，从而根据市场变化来调整我们的产品，以满足市场的需求。市场材质需求的增加会引发新的商机，如

ABS+PC 材质的商品的市场份额从 2011 年的 3% 增长到 2013 年的 47%,再到 2015 年的 58%,几乎是从 0 到占领半壁江山的跨越,而 ABS 材质的商品的市场份额却从 45% 减少到了 13%,如图 5-16 所示。

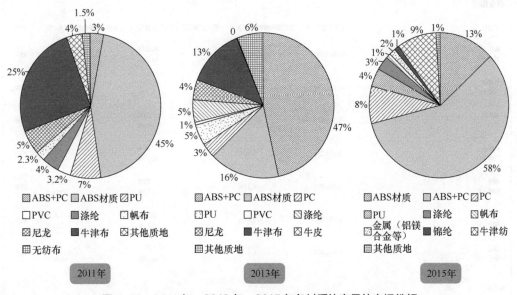

图 5-16 2011 年、2013 年、2015 年各材质的商品的市场份额

这些数据反映了这几年消费者对商品材质的需求已经发生了很大变化。运营人员如果定期观察市场数据,就可以及时发现这一变化,从而抓住这个商机,打造爆款。这就是时机对于打造爆款的重要性。

5.3.2 规划店铺品类的运营节奏

要更好地把握商机,我们就一定要做好店铺品类运营的全年规划。这对运营人员来说是一个比较关键的任务,它可以帮助我们明确每个品类的运营波段:每个品类该在什么时候进入市场,在什么时候进入成长期,在什么时候进入清仓期。

下面介绍如何做好全年规划。

首先,我们要确定数据的来源。比如,在生意参谋的"行业构成"页面中,我们可以看到不同类目在各月的交易情况,如图 5-17 所示。

文鞋 专业版　统计时间 2021-11-01 ~ 2021-11-30　7天 30天 日 周 月

所有终端　全部

行业构成

子行业	交易指数	交易增长幅度指数	支付金额较父行业占比指数	支付子订单数较父行业占比	操作
靴子 较前一月	16,192,681	+87.26%	80.20% 19.24%	47.89% 10.63%	趋势
低帮鞋 较前一月	14,579,252	+25.43%	39.47% -7.77%	33.22% -6.53%	趋势
高帮鞋 较前一月	4,362,178	+83.09%	9.74% 0.78%	3.93% 0.81%	趋势
帆布鞋 较前一月	4,123,286	-0.90%	7.62% -0.92%	6.43% -2.04%	趋势
拖鞋 较前一月	3,065,803	+4.21%	4.32% -0.32%	6.30% -2.00%	趋势
雨鞋 较前一月	2,573,852	+75.72%	3.02% 0.11%	1.21% -0.26%	趋势
凉鞋 较前一月	2,176,697	+6.41%	2.09% -0.13%	1.03% -0.62%	趋势

每页显示 10 条

图 5-17　生意参谋的“行业构成”页面

找到各细分类目的交易指数，按照月份统计，将一年中每个月的份额数据都罗列好，将其制作为一个 Excel 表格，应用数据透视表工具，插入面积图，我们就可以清晰地看到各类目一整年的销售状况。比如，低帮鞋一整年的市场份额都比较大，高峰分别在春季市场的 2 ~ 3 月和秋季市场的 8 ~ 9 月，6 月是低谷期；而凉鞋的市场份额是从 2 月开始逐步攀升，到 6 月达到一年的最高峰。女鞋行业细分类目市场分析如图 5-18 所示。

根据不同细分类目在不同月份的市场份额，我们就能制订出能够支撑运营决策的品类运营计划表，如图 5-19 所示。利用这张计划表，我们可以分析销售目标，并且把目标拆解到对应月份和品类之中。

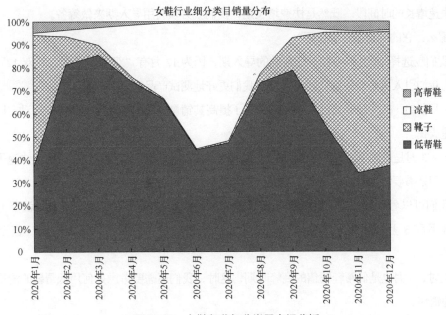

图 5-18　女鞋行业细分类目市场分析

主季节	春						夏											
月份	1月			2月			3月			4月			5月			6月		
旬	上	中	下	上	中	下	上	中	下	上	中	下	上	中	下	上	中	下
节假日及大型活动			年货节		春节不打烊		38			新风尚				母亲节	店庆	66大促		626年中促
销售目标	3%			5%			7%			12%			13%			11%		
销售期		成长期			成熟期									成熟期				清仓期
							导入期			成长期								
																导入期		
本月重点							凉鞋集中上新，低帮鞋引导凉鞋						凉鞋主推热卖			凉鞋热卖转收缩期		
核心推广品类	低帮鞋			进入低帮鞋主推期			低帮鞋，累积凉鞋			进入凉鞋主推期						618凉鞋主卖，秋低帮鞋测推		
推广配合																		
上新节奏	低帮鞋上新			低帮鞋上新			凉鞋上新									秋款低帮鞋上新		
清仓节奏	冬季靴子清仓			冬季靴子清仓			春款低帮鞋进入清理期			春款低帮鞋清仓			春款低帮鞋清仓			春款低帮鞋清仓		
主季节	秋						冬											
月份	7月			8月			9月			10月			11月			12月		
旬	上	中	下	上	中	下	上	中	下	上	中	下	上	中	下	上	中	下
节假日及大型活动				新风尚	9.9大促					双11预售			双11			双12		
销售目标	8%			7%			5%			4%			14%			11%		
销售期		成长期			成熟期			清仓期						清仓期				导入期
						导入期		成长期					成熟期			清仓期		
本月重点	秋款低帮鞋主推，春款低帮鞋上线			秋款大力推进，冬靴进入市场			秋款推进，冬靴主推			累积冬款市场竞争位置			冬款热卖，秋款清仓			冬款清仓，春款开始累积销量基础		
核心推广品类	低帮鞋			低帮鞋			冬靴子			冬靴子			冬靴子			靴子拉动低帮鞋销售		
推广配合										冬款快速累积销量基础								
上新节奏	秋款低帮鞋上新						冬款上新			冬款上新						春款上新		
清仓节奏	凉鞋清仓			凉鞋清仓			春款低帮鞋清仓			春款低帮鞋、秋款低帮鞋清仓			搭配冬款清理秋款			冬季靴子进入清仓期		

图 5-19　品类运营计划表

从图 5-19 中，我们可以看到整个春季的核心推广品类是低帮鞋。而 1～2 月是低帮鞋的销量快速增长的时间段。既然是快速增长期，我们就必须利用导入期来做筹备。

那么，它的导入期在哪里呢？

我们应选择 12 月作为春季低帮鞋的导入期，因为 12 月有"双 12"活动，"双 12"活动可以为我们引入更多的流量，还可以帮助我们更好地测试产品和累积流量。

1 月中旬，低帮鞋开始进入成长期，为了提高其销量，我们应开展一些推广活动，以期销量快速成长。

2~3 月是成熟期，因为成熟期的时间比较短，市场需求到达顶峰以后，就会快速下滑，此时我们就需要利用低帮鞋引入的流量，来促进下一个市场需求的增长。

我们可以看到，3 月以后的市场增量最大的是凉鞋，那么凉鞋最晚在 3 月就要上架。因为 4 月和 5 月是增速最快的两个时间段，所以凉鞋在 3 月就必须进入市场，甚至更早进入。

同时，3 月也是低帮鞋销售的高峰时期，这时，我们还需要考虑如何用低帮鞋的流量促进凉鞋的销售。

到了 3 月中旬，由于低帮鞋销量的下滑速度较快，我们不能等高峰期结束后再考虑清仓。因此，3 月中下旬，低帮鞋就要进入产品清仓状态。

在清仓期，低帮鞋的流量还会拉动凉鞋销量的增长。4 月，凉鞋就会进入快速成长期，6 月后，凉鞋的销量也开始进入下滑期。所以，凉鞋在 6 月要快速进入清仓状态。如此，又循环回到春季市场。通过这张计划表，我们能很清晰地知道每个时间点该做什么事情，只有把握好这个节奏，才能赢得商机。

5.3.3 时刻关注竞争商家进入市场的时间与节奏

我们要把握好时机，不单要盯着大盘，还要时刻关注竞争商家的节奏，注意他们是什么时候进入市场的，以及他们进入市场的节奏如何。

我们要紧跟竞争商家，不能落后他们太远。在早期，消费市场需求还未形成，各方面的数据指标表现相对会差一些。但如果我们切入速度较快，准备较充分，在发展期就会比别人快一步。我们可以对竞争商家的商品属性（见图 5-20）进行分析，在早期及时跟踪他们的销售情况，了解他们的起步时间点，及时做好应对工作。

热门属性 属性分析 所有终端 全部

09-07 09-09 09-11 09-13 09-15 09-17 09-19 09-21 09-23 09-25 09-27 09-29 10-01 10-03 10-06

热销榜单 店铺 商品

商品	交易指数	支付件数	支付转化指数	操作
男士手提包真皮手拿横款男包包商务牛皮单肩斜挎包休闲公文包	31,903	150	3,584	趋势分析
胸包男单肩包斜挎包男士包包青年运动小背包韩版复古休闲男包	13,682	78	3,497	趋势分析
男包单肩包男斜挎包韩版休闲挎包男士包包青年潮流运动小背包	13,547	82	4,169	趋势分析
男包 单肩包男斜挎包 男士包包帆布包背包休闲牛津布包韩版	12,659	89	2,834	趋势分析
男包 单肩包男斜挎包帆布休闲斜挎运动背包男士牛津布挎包	12,310	79	2,404	趋势分析
男士手提包真皮男包包商务背包单肩斜挎包休闲牛皮包潮公文包	12,126	28	2,267	趋势分析
2018新款潮手包男真皮男包休闲手抓包男士手拿包时尚信封包	10,500	29	3,201	趋势分析
包男大容量斜挎包学生胸包男士包包牛津布休闲运动潮牌小背包	9,905	58	4,722	趋势分析
手提包男士包包真皮公文包软皮多功能休闲牛皮手拿斜挎单肩包	9,655	26	1,050	趋势分析
阿玛尼男士单肩斜挎包2018新款真皮男背包男生韩版潮流包包	9,373	17	2,495	趋势分析

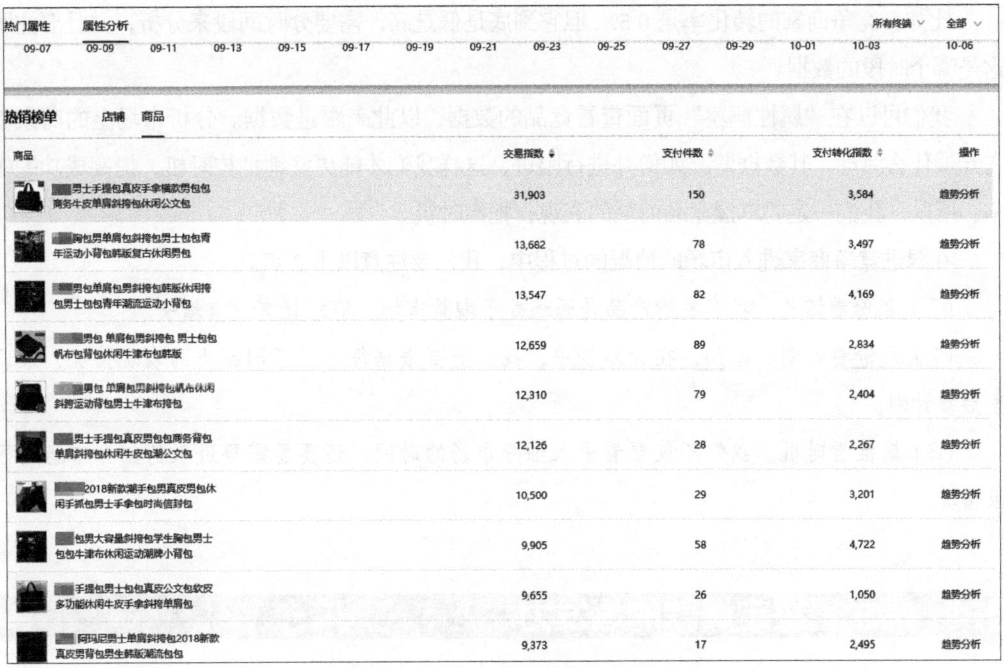

图 5-20 竞争商家的商品属性

在对其他商家的数据进行监控时，我们要跟进需要监控的每一个数据。图 5-21 所示为需要监控的数据（生意参谋→竞品分析）。

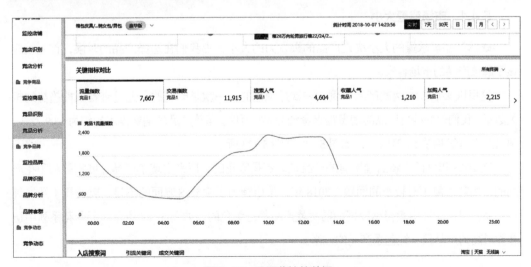

图 5-21 需要监控的数据

比如，竞争商家的转化率是0.5%，但它到底是低是高，需要分时间段来分析，并且要注明这是哪个时段的数据。

我们可以在"属性洞察"页面查看竞品的数据，以此来跟进数据。分析市场上的商家都在开展什么活动，其数据情况如何并进行跟进，这样我们才能更好地把控时机，提高成功的概率。所以，我们一定要掌握竞品前期的表现，把握时机。

在跟进竞争商家进入市场的情况的过程中，我们要注意以下3点。

（1）年份看增长。我们要看产品是否还处于增量市场，需求量有没有增长。

（2）月份看计划。比如，在计划表中，我们需要根据每个月不同品类的表现情况，来调整后续计划。

（3）属性看时机。我们不仅要看进入细分市场的时间，还要看需要进入的细分市场的需求情况。

5.4 需求量决定爆款的爆发力

爆款的销量受它的消费群体的大小的影响。如果我们选择的产品并没有足够大的消费群体，那它肯定是难以爆发的。所以，我们在选择产品时一定要注意产品需求量的大小。下面我们就用简单的例子来介绍实际过程中的处理情况。

5.4.1 市场容量大小

既然产品需求量的大小决定产品的爆发力的大小，那我们在选择产品的时候，首先就应该了解该产品的市场容量。

这里以某店铺的两款产品为例，一款是纯色的，一款是印花的。通过查看属性趋势的相关数据，我们得知纯色产品的消费需求量约为670万件，印花产品的消费需求量约为58.9万件，两者的需求量相差10倍以上，如图5-22和图5-23所示。

在2018年之前，该店铺所有的产品基本都是印花的，后来出现了产品过度重叠和印花产品的市场需求量相对较小的问题。2018年，该店铺为了弥补这方面的不足，就选择了开发纯色产品。目前店铺中卖得比较好的前两款产品都是纯色的，如图5-24所示，而印花系列中访客数最高的产品只有纯色系产品的一半。

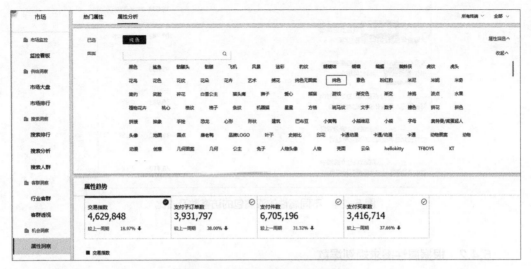

图 5-22 纯色产品的"属性趋势"

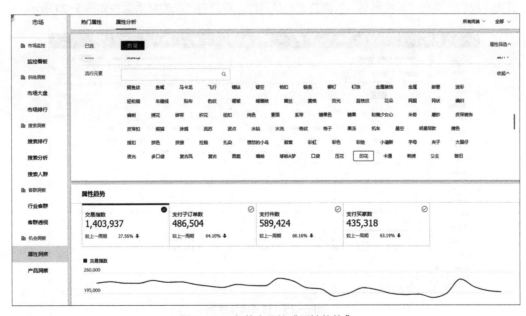

图 5-23 印花产品的"属性趋势"

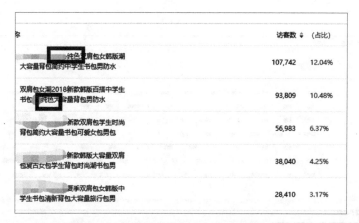

图 5-24　不同属性的双肩包的访客数及占比

5.4.2　根据属性需求规划爆款

既然产品的市场需求对打造爆款有很大的影响，我们就可以根据属性需求来规划爆款。首先，我们需要在"属性洞察"页面查看产品属性。双肩包产品的材质属性如图 5-25 所示。

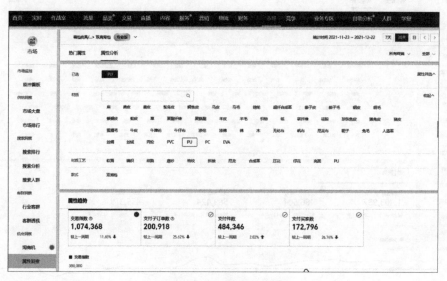

图 5-25　材质属性数据

然后，我们将双肩包产品不同属性的销售数据收集起来，复制到 Excel 表格中，如图 5-26 所示。

	A	B	C	D	E	F	G	H
1	属性值	成交量	销售额	高质宝贝数	属性	年月	年	月
2	大（最长边>50cm）	295401	62146537	1369	包袋大小	2018/08	2018	8
3	迷你（最长边<20cm）	6086	1601852	45	包袋大小	2018/08	2018	8
4	小（最长边20-30cm）	197481	43369191	893	包袋大小	2018/08	2018	8
5	中（最长边30-50cm）	2706959	588454252	14273	包袋大小	2018/08	2018	8
6	包盖式	117882	24575499	566	闭合方式	2018/08	2018	8
7	敞口	5960	1015917	34	闭合方式	2018/08	2018	8
8	抽带	79258	13794461	385	闭合方式	2018/08	2018	8
9	抽带搭扣	98902	20155308	420	闭合方式	2018/08	2018	8
10	磁扣	28919	7446073	139	闭合方式	2018/08	2018	8
11	挂钩	4373	775306	22	闭合方式	2018/08	2018	8
12	拉链	2905511	665540071	15782	闭合方式	2018/08	2018	8
13	拉链搭扣	93814	25962789	415	闭合方式	2018/00	2018	8
14	魔术贴	3715	789957	18	闭合方式	2018/08	2018	8
15	其他	6071	814253	36	闭合方式	2018/08	2018	8
16	亮面	54512	7926488	276	材质工艺	2018/08	2018	8
17	磨砂	7657	1315126	48	材质工艺	2018/08	2018	8

图 5-26　双肩包产品不同属性的销售数据

但这样的数据不是很清晰，不便于分析问题，因此我们插入数据透视表，将各种属性都明确表示出来，如图 5-27 所示。有了数据，就可以查看不同尺寸大小的双肩包产品在不同月份的销售情况了。

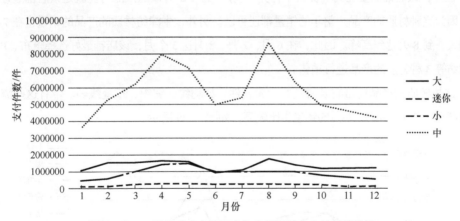

图 5-27　不同尺寸大小的双肩包产品的月度支付件数趋势

名师点拨

由于目前生意参谋只能显示一个月（即 30 天）的属性数据，因此，运营人员每个月都要收集并整理数据。如果以前的一些数据缺失了，还可以借助某些工具来查找相应的数据。

如果该店铺想在 6～8 月销售双肩包，那么运营人员首先就要了解这个时间段中哪种材质和流行元素的产品是比较适合市场需求的。图5-28所示是双肩包产品材质属性月度支付件数趋势。

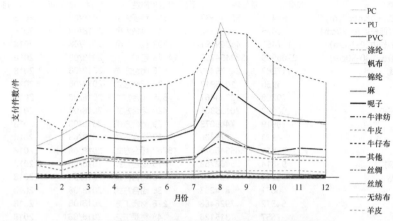

图5-28 双肩包产品材质属性月度支付件数趋势

从图5-28中，我们可以看到帆布材质的产品的销量从6月开始增长，在8月达到高峰，8月之后开始下滑。由此可以看出，这一整年帆布材质的产品的销量主要来自6~9月，其他时间的销量都不会太好。

因此，该店铺需要在同一类目下补充一些产品。PU材质的产品可能就是该店铺最好的选择，因为这种材质的产品一整年的销量都还可以。另外，牛津纺材质的产品的销量也在7月开始增长，到8月达到高峰。因此，在6月、7月、8月这3个月，该店铺最好选择帆布、PU和牛津纺等3种材质的产品进行销售。

这些材质的产品还带有各种流行元素属性，如豹纹、编织、车缝线等。带有这些流行元素的产品在7月、8月、9月的销量也比较高，如图5-29所示。

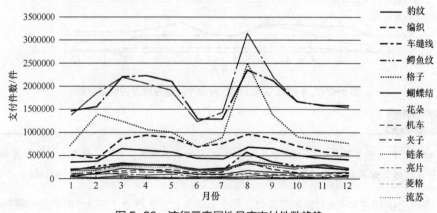

图5-29 流行元素属性月度支付件数趋势

所以，运营人员可以将材质和这些流行元素结合起来，比如，PU 材质与印花相结合，或者帆布与撞色相结合。将产品组合确定下来以后，运营人员还需要验证一下这些产品是否有市场需求。比如，把材质属性中的"PU"与流行元素属性中的"撞色"进行组合，如图 5-30 所示，查看其相关数据趋势。

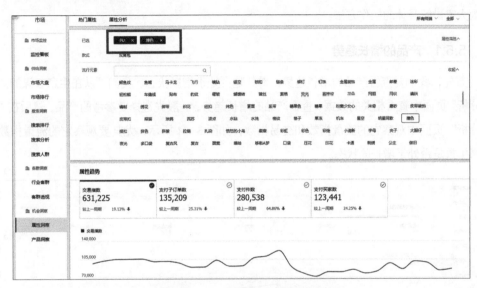

图 5-30　PU 与撞色组合的属性趋势

将材质属性与流行元素属性相组合以后，选择各项数据指标较高的组合属性进行爆款打造，并将爆款打造的时间设在 6～9 月，如表 5-5 所示。

表 5-5　6～9 月市场产品选择

材质	流行元素	支付件数
PU	撞色	280538
PU	印花	46018
帆布	印花	119486
帆布	撞色	297634

5.5　如何检验自身产品的潜力

上一节为大家讲解了如何根据产品属性来判断其市场容量的大小，但是，这只是大范围的属性。本节将会沿着前面的分析，进一步讲解如何确定所选择产品的潜力值，即对产品的潜力进行检验、预判，从而弄清楚什么样的产品更适合作为主推产品。

那些没有开发能力的商家往往会在市场上进行选款，那如何检验这些产品的潜力就很重要了。下面将从产品的增长趋势、转化率的稳定性、良好的流量结构、同款产品的销量4个方面为大家讲解具体的操作方法。

5.5.1 产品的增长趋势

首先，我们要查看产品的增长趋势，看其是否处于增量状态。我们可以在生意参谋的"竞品分析"页面中查看相关的数据。查看产品的增长趋势，一般先选择要参考的产品，然后在"竞品分析"页面中观察它的流量指数和交易指数，如图5-31所示，尤其要观察它的流量指数和交易指数是否处于增长的状态。

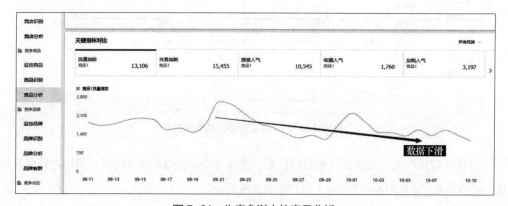

图5-31　生意参谋中的竞品分析

如果不考虑大盘数据，产品本身的销量处于下滑阶段，或者处于负增长阶段，那么说明这个产品的市场需求基本上已经饱和，产品已经达到了相对稳定状态。平台就会优先推荐这样的产品，而我们的产品就会被压制。因此，作为跟随者，跟进这样的产品是不可取的。

图5-32所示为某竞品从2017年9月到2018年9月的数据，竞品的流量指数呈下滑趋势。长远地看，它以后可能会继续下滑，而且这个产品已经销售很久了，所以不适合跟进。

如果我们想做一个更详细的短期和长期的综合判断，就要分析产品的大盘走势。如果某产品的销量处于增长阶段，而它所属类型产品的大盘销量却处于下滑阶段，那么这种产品也不适合跟进。因为大盘是不可逆的，这种产品的销量增长可能是通过在资源或其他方面的投入获得的。很多中小商家是不具备这种条件的，因此千万不要跟进这样的产品。

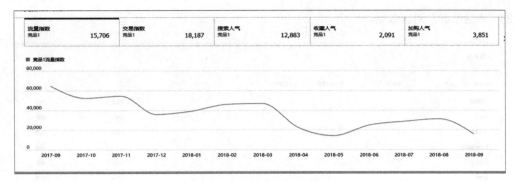

图 5-32 竞品流量指数趋势

5.5.2 转化率的稳定性

分析产品是否有稳定的转化率主要有以下几个方面。

第一，当你的产品的转化率的变化趋势像过山车一样时，说明消费者对该产品的购买欲是不确定的，平台是不会给这样的产品很大的流量的。

第二，如果产品的转化率波动很大，说明消费者对该产品的购买欲望的差异也是比较大的，即有很多消费者想购买该产品，但也有很多消费者不想购买该产品。

第三，在转化率波动比较大的时候，还存在产品认可度的问题。也就是说，这个产品很有可能不是大众认可的产品，即该产品引进的人群，可能今天是 A 类人群，其转化率会相对较高，明天可能就是 B 类人群，其转化率会相对较低。像这样的产品，我们就可以判断它不适合作为主推产品。

我们还必须要注意流量增长对转化率的影响。如果某产品的转化率在其流量增长时还能保持稳定，甚至上升，那说明该产品就是一个比较有潜力的产品。

不过，我们也要考虑是否有人为因素干扰，如果这个产品没有任何人为因素干扰，并且随着流量的增长，它依然能够保持较稳定的状态，那就说明这个产品的潜力非常大。

实际上，流量越大，对转化率的考验也就越大。因为流量越大，人群也会越分散，精准的人群只是其中的一部分，不可能是全部，所以我们才要考虑大众款的问题。

5.5.3 良好的流量结构

我们评判一个产品是否属于良性产品，主要看它的流量结构。我们要分析产品的流量结构是否是我们所期待的，需要对产品的流量来源进行对比分析。图 5-33 所示为生意参谋中的"入店来源"对比数据。

入店来源					无线端 ∨
对比指标 ○ 访客数 ○ 客群指数 ○ 支付转化指数 ○ 交易指数					
流量来源				竞品1 访客数 ⇅	操作
直通车				27944	趋势
手淘搜索				20280	趋势
淘内免费其他				6175	趋势
我的淘宝				4587	趋势
购物车				4524	趋势
手淘首页				3975	趋势
猫客首页				1791	趋势
聚划算				1038	趋势
淘宝客				956	趋势
手淘其他店铺商品详情				877	趋势
				<上一页 1 2 3 4 下一页>	

图 5-33 "入店来源"的对比数据

从图 5-33 中我们可以看到该产品的流量来源于直通车。直通车是付费的流量,如果通过直通车获取的流量体量比较大,说明该产品的利润空间不错,不然也无法支撑如此大的流量。除了利润以外,直通车能获得大量的流量,也说明直通车的投产表现是不错的。另外,该产品的手淘搜索流量也比较大,所以该产品的整体结构比较好。此外,支付转化指数也可以用于分析流量结构。在相应的支付转化率较高的情况下,产品更有可能具备良好的流量结构和数据表现。

但是,如果我们所跟进的产品依靠活动(如聚划算)获取流量,或者依靠一些站外资源获取流量,那要考虑自身是否具备这些条件,否则就要谨慎跟进。

5.5.4 同款产品的销量

除了考虑以上 3 个方面的因素外,我们还要考虑同款产品的销量。比如,服装市场的销量以 5000 件为参考值。当然这个销量并不是绝对值,因为每个类目的情况都是不一样的。其他类目可以根据实际情况来调整参考销量。

要想知道一款产品是否可以跟进,我们首先要判断这款产品是否处于增量市场,再查看其同款或相似款的销量情况。比如,在淘宝页面搜索"双肩包"关键词,找到这个产品,然后查看它的相似款,如图 5-34 所示。

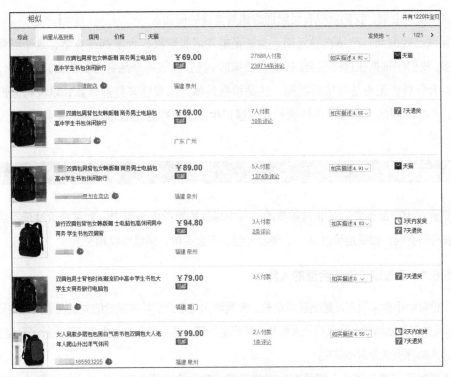

图 5-34 淘宝相似款双肩包的信息

我们可以看到，这款产品本身的市场需求以及消费者对这款产品的购买力都是比较强劲的。

我们如果还想更准确地判断这款产品是否值得跟进，可以查看它的同款产品的销量。查看以后我们会发现，除了销量最高的那款产品以外，其他同款的销量都不超过 10 个，这是平台机制导致的，平台判定一个产品在市场上已经有大爆款之后，就不会给其他同款产品的链接更多的曝光机会，这也是平台防止同质化的表现。所以，我们选择跟进销量很大的产品时，会发现我们的产品与其他同款产品一样，却几乎很难获得展现和销售。

我们在跟进时，千万不要选择跟进那些销量超过 5000 件的产品。其实这与平台的机制相关，平台希望能够为消费者提供更多不一样的产品，在给消费者推荐同类型的产品时，往往会选择推荐那些数据比较稳定的店铺的产品。尤其是在产品市场比较稳定的时期，平台更加不会去推荐那些所谓黑马店铺的产品，即使它的转化率很高，其产品也不会得到展现。因为在成熟阶段，平台需要的是数据稳定，而谁能够提供更稳定的数据，谁就能得到更多的推荐。而且平台会选择那些经过大量数据测试的产品，因为这类产品具有较强的稳定性。如此一来，这类产品就会压制其他类似的产品。所以，我们在跟进产品时，一定不能选择该类产品的相似款或同款。否则，我们就很有可能面临销量惨淡的局面。

前面已经提到，产品在导入期，也就是前期成长阶段，大家都在竞争，这个时候的机会最多，我们应该抓住这些机会。因此在决策时，我们应该将产品各方面的信息都结合起来，进行综合分析。无论是时机的把握，还是根据具体产品属性来打造爆款，以及检验产品的潜力，都必须要综合思考，这样我们才能够把生意参谋中这些看似简单的工具用好。

5.6 定价

定价对于产品运营也是非常重要的，其中爆款的定价尤为重要。如果定价过低，店铺可能没有利润空间；如果定价过高，消费者可能就不会买单，销量难以增长。

5.6.1 通过定价选择合适的人群

定价对中小商家而言，是比较困难的。究竟该如何定价？其实定价的关键在于人群划分。这里就涉及如何根据消费水平来划分人群并为其确定标签，然后根据这些人群标签进行区别定价。

那人群标签该怎样确定呢？

人群标签，就是某类人群具有一定的特征，然后给这类人群贴上一个能表现他们特征的标签。这里又会涉及人群划分，而人群划分是以价格和浏览轨迹为主要因素进行的，这两种因素都可以反映消费者的消费水平。通过价格，我们可以直接地筛选消费人群。浏览轨迹代表的是对产品的点击、加购、转化等行为，而这些行为构成了人群与产品之间的关联。

所以，人群标签主要是根据价格和浏览轨迹确定的，但其中的浏览轨迹是比较难干预的。而价格则可以由我们自己确定，这样我们就可以通过定价来选择合适的人群了。

5.6.2 整体市场价格的竞争分析

既然定价如此关键，那我们应该如何定价呢？

我们应该进行产品类目的整体市场价格竞争分析。例如，我们想要分析连衣裙类目的市场价格，我们销售的是雪纺连衣裙，但搜索出来的产品可能不止有雪纺连衣裙，还有蕾丝连衣裙，等等。如果消费者不是明确地要购买雪纺连衣裙，在比价过程中，消费者就很有可能会参考蕾丝连衣裙或其他连衣裙的价格。所以，我们在定价时，不能只瞄准细分市场的定价，还要从细分市场中跳出来，分析整体市场的价格竞争情况。

比如，我们对224家店铺的产品的销售数据进行分析。在淘宝平台通过搜索类目词，如"双肩包",按照销量排序获取销售数据,如图5-35所示。也可以借助市面上的一些电商工具来下载销售数据。然后将数据放到Excel中进行处理,按照0～50元、50～100元、100～150元等价格段进行销量区间划分,如图5-36所示。

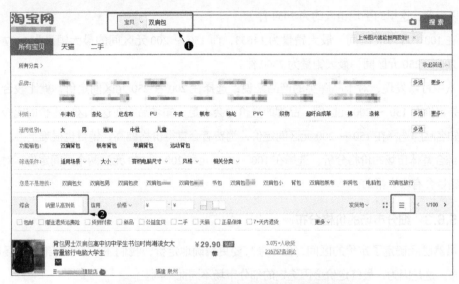

图5-35 通过搜索类目词获取产品销量数据

行标签	卖家数	销量总计	最大销量	最小销量	平均销量
0~50	1	4247	4247	4247	4247
50~100	38	268063	27688	15	7054
100~150	26	87662	14633	83	3372
150~200	36	34285	3697	60	980
200~250	24	33480	7360	68	1395
250~300	16	9683	2293	39	605
300~350	10	3687	1075	39	369
350~400	13	4161	1422	64	320
400~450	9	3822	1136	24	425
450~500	9	2487	1266	38	276
500~550	3	165	87	30	55
550~600	5	3049	2415	80	610
600~650	3	318	196	50	106
650~700	5	876	326	48	175
750~800	6	1539	598	48	257
850~900	2	80	63	17	40
950~1000	1	94	94	94	94
1050~1100	1	253	253	253	253
1150~1200	2	92	61	31	46
1200~1250	4	238	86	33	60
1250~1300	5	616	214	23	123
1350~1400	1	103	103	103	103
1550~1600	1	51	51	51	51
1950~2000	1	22	22	22	22
4850~4900	1	15	15	15	15
5450~5500	1	8	8	8	8
总计	224	459096	27688	8	2059

图5-36 不同价格段的销量数据

扫码看视频操作

其中，0～50元这一价格区间的卖家数量是较少的；在50～100元这个区间，产品的总销量非常大，但销量的差异也非常大，最大销量为27688件，最小销量为15件。看最大、最小销量的目的是了解排名中价格差异的大小，从而判断提升排名后，能够达到的平均销量。我们可以看到，这里的平均销量约为7054件。

在100～150元区间，最大销量为14633，而150～200元区间的最大销量为3697件，但在200～250元区间，最大销量为7360件。

从中可以发现，对于品牌类的产品来说，选择在200～250元区间定价，就比较合适。而如果定价在150～200元区间，品牌的溢价力会不足，知名品牌在这个区间定价的比较少。而非知名品牌选择在150～200元区间定价，消费者会觉得价格偏高，销量也很难上去。

综合整体市场的价格分析，选择在100～150元和200～250元这两个区间定价，对提升产品销量会有较大帮助。

5.6.3 细分市场的价格分布

虽然已经确定了定价的区间，但如果想要更精确地定价，我们还必须了解细分市场的价格分布。这是因为，最终定价会因选定的细分市场不同而不同。

要分析产品对应的细分市场，我们在收集数据的时候就要先锁定关键属性。牛津纺双肩包的销售数据可按图5-37所示的操作获取。

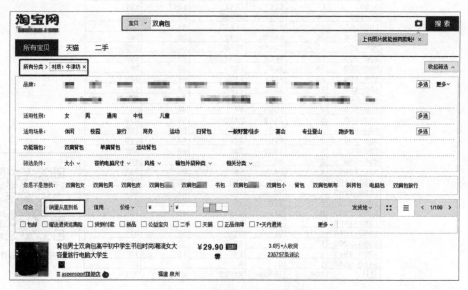

图5-37　牛津纺双肩包的销售数据

接下来对收集的数据进行整理，如图 5-38 所示。我们可以看出，牛津纺双肩包在 0 ~ 50 元这个价格区间的最大销量为 11089 件，但这不是平台同款产品最大的销量，因为 50 ~ 100 元这一区间的最大销量为 18224 件，100 ~ 150 元这一价格区间的最大销量达到了 11173 件。

行标签	卖家数	销量总计	最大销量	最小销量	平均销量
0~50	82	183768	11089	696	2241
50~100	93	190096	18224	696	2044
100~150	31	69733	11173	704	2249
150~200	6	6469	1777	692	1078
200~250	6	12669	3284	1299	2111
250~300	1	1737	1737	1737	1737
300~350	1	711	711	711	711
总计	220	465183	18224	692	2114

图 5-38　牛津纺双肩包的销售数据

我们再看 150 ~ 200 元这个区间，它的销量仍然不是很高。而 200 ~ 250 元这一区间是高客单价所在的区间，适合有一定品牌知名度的卖家，他们的竞争卖家也相对较少，因此在这个价格区间定价对他们来说非常合适。

但如果想要有一定的品牌竞争力，50 ~ 100 元和 100 ~ 150 元这两个区间是很好的选择。我们再比较一下这两个区间的卖家数，会发现 50 ~ 100 元区间的卖家有 93 个，100 ~ 150 元区间的卖家有 31 个。由此可见，选择 50 ~ 100 元这一区间，竞争会比较激烈。所以我们选择 100 ~ 150 元这个区间会更好一些。

从以上分析可以看出，在细分市场中，价格区间的选择会发生变化，在牛津纺细分市场中，100 ~ 150 元和 200 ~ 250 元这两个价格区间都是比较好的选择。而且从整体市场价格分析中，我们发现了 100 ~ 150 元这一价格区间是比较好的。因此，无论是从整体市场来看，还是从细分市场来看，100 ~ 150 元价格区间都是不错的选择。

5.6.4　价格区间对应的平台流量结构

以上价格分析主要是从销量维度进行的，还不能最终确定价格，我们还要弄清楚这些销量都是从哪里来的，如果发现有的是靠站外流量获得的，有的是靠广告获得的，那就要看看自己是否有相应资源或者资金去获取这些流量，所以我们还需要具体分析不同价格区间获取平台流量的能力和对应的流量大小。如果 100 ~ 150 元这个区间获得的流量比较大，我们就可以在这个区间定价。

图 5-39 所示的数据主要来源于生意参谋→竞争情报→竞品分析。我们查看了一些竞品流量结构的访客数，并把数据记录下来之后用 Excel 透视表进行了整理。

价格区间	手淘首页	手淘搜索	淘宝客	淘内免费其他	直通车	智钻	商家数
0~50	54956	1589159	43198	546107	33730	1188	20
50~100	68062	1063456	15666	240575	27642	1782	18
100~150	63729	1224506	51169	325295	38976	2970	12
150~200	52433	850918	35957	541296	15742	3782	15

价格区间	手淘首页	手淘搜索	淘宝客	淘内免费其他	直通车	智钻
0~50	2748	79458	2160	27305	1687	59
50~100	3781	59081	870	13365	1536	99
100~150	5311	102042	4264	27108	3248	248
150~200	3496	56728	2397	36086	1049	252

图 5-39　竞品流量结构的访客数

从图 5-39 中我们可以看出，手淘首页各价格区间的店铺流量都是相差不多的，而手淘搜索的流量差距就比较大了，0～50 元这一区间的流量是最多的，其次是 100～150 元，再次是 50～100 元，而 150～200 元的流量就相对较少了。淘宝客的 0～50 元、100～150 元这两个区间的流量相对较多，"淘内免费其他"也是 0～50 元这一区间的流量最多。

提示

"淘内免费其他"是指淘宝内部无法归类的其他免费流量。

而我们的侧重点是手淘首页和手淘搜索，所以要看流量的分配量。在 0～50 元区间，手淘首页和手淘搜索的分配量相对较少，一个为 2748，一个为 79458。二者的分配量最高的反而是在 100～150 元区间，前者的分配量为 5311，后者的分配量为 102042。对于手淘搜索而言，该行业商家在直通车这种付费流量上的投入并不是很大，所以付费流量的占比并不高，说明这个行业整体而言付费竞争相对比较弱。

综上所述，从价格分析和平台分配流量的角度来看，价格在 100～150 元区间的流量获取效果是最好的，所以我们可以将这个定价区间作为最终的选择。

5.7 更新迭代，做好备货深度思考

做备货风险决策的时候，除了要考虑产品本身，还要考虑产品更新迭代的速度，也就是产品新陈代谢的过程，这样才能帮助我们做好备货深度思考。

一般来说，如果我们对产品本身不够自信，是不会大量备货的。但是在前期，我们还没有办法完全确定这个产品是否可以成为爆款，所以单靠产品自身潜力去判断是不足以应对备货风险的，我们还需要考虑产品的更新迭代速度。

比如，某个产品的更新速度很快，就会面临季节性问题。这个品类能够运作的时间只有2～3个月，那在这段时间内，如果销量不高，库存就很有可能会积压，这时就要考虑这批积压的库存到明年是否还能销售。那些更新速度非常快的产品一般到了第二年就算是过期货了，很难处理。对于这类产品，我们在备货时必须谨慎，求稳为上。而那些更新速度相对较慢的产品，今年的货留到明年基本上还能抢占市场，那我们在备货时就可大胆一点。

下面借助生意参谋中的数据来分析产品的新陈代谢情况。以女士包袋为例，在生意参谋中打开"属性洞察"，查看"热门属性"选项中的"上市时间"属性的相关数据，如图5-40所示。

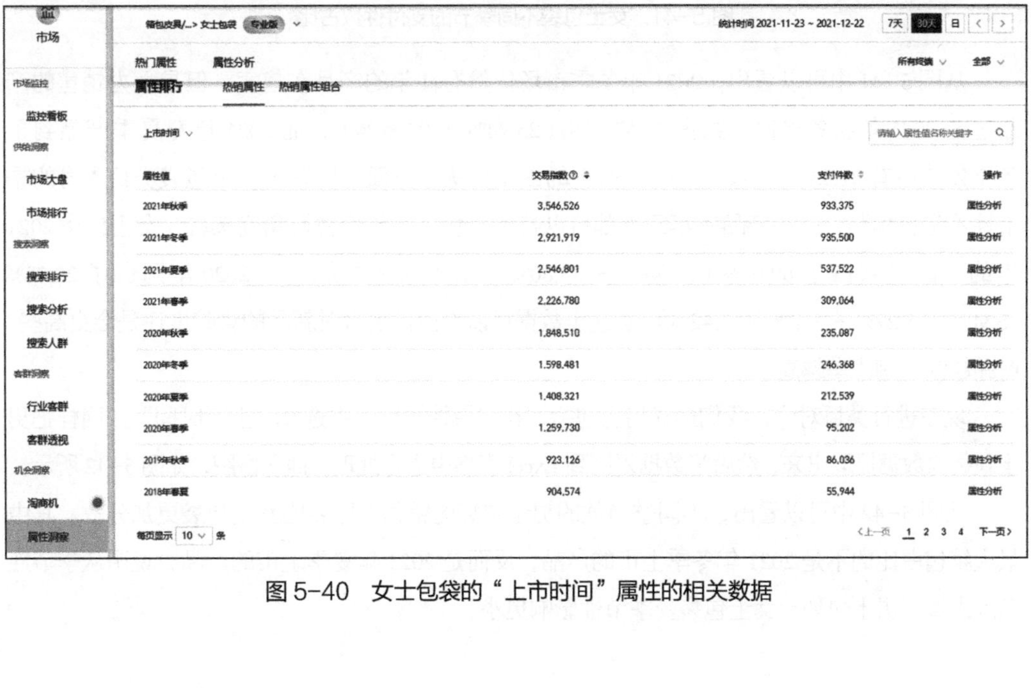

图5-40 女士包袋的"上市时间"属性的相关数据

把相关数据复制到 Excel 表格中进行处理，然后插入饼图来展示不同季节的支付件数占比，如图 5-41 所示。

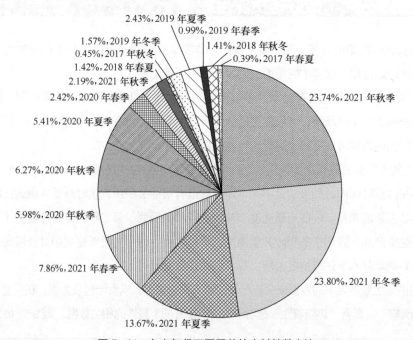

图 5-41 女士包袋不同季节的支付件数占比

从图 5-41 中可以看出，2021 年冬季市场依然有往年的产品在售卖，但是主力销售的产品还是 2021 年秋冬产品，共占了 47.54%（23.74% + 23.80%），而 2021 年春夏季产品到了冬季依然还有 21.53%（13.67% + 7.86%）的占比，从这里面可以看出女士包袋类目本身的季节性不是特别强，一些产品一年四季都可以持续销售。从年份替换角度来看，女士包袋 2021 年的产品总共占了 69.07%（23.74% + 23.80% + 13.67% + 7.86%），2020 年则占了 20.08%（5.98% + 6.27% + 5.41% + 2.42%），从这个数据可以看出消费者对新品的青睐度还是会更高些，产品越久，淘汰率越高。

现在进行类目对比，我们选择男士包袋，在"属性洞察"中选择"上市时间"。同样把男士包袋的数据提取出来，然后将数据复制到 Excel 表格中进行处理，插入饼图，如图 5-42 所示。

从图 5-42 中可以看出，不同季节款的男士包袋的销售占比要比女士包袋更加分散。其中最大销售占比的不是 2021 年冬季上市的产品，反而是 2021 年夏季上市的产品，说明从季节性角度来看，男士包袋比女士包袋受季节性影响更小。

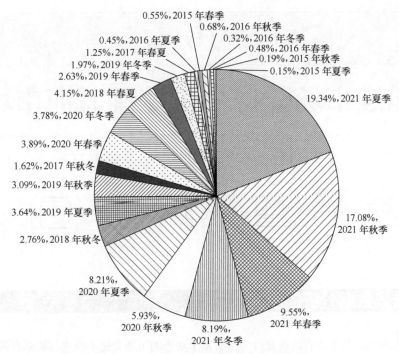

图 5-42 男士包袋不同季节的支付件数占比

另外,整个 2021 年占比销售也只是 54.26%（19.44% + 17.08% + 9.55% + 8.19%）,相比女士包袋的 69.07% 低了 14.81 个百分点。而且 2020 年的男士包袋销售比重为 21.81%（5.93% + 8.21% + 3.89% + 3.78%）,女士包袋为 20.08%,两者很接近,同时也说明男士包袋在更旧的年份销售占比要比女士包袋更高些,也就意味着男士包袋的生命周期要比女士包袋更长。

由此可见,相对女士包袋而言,男士包袋的更新迭代速度要慢一些。通过以上分析,可以得到产品更新迭代的相关信息,然后在备货时利用这些信息进行决策,知道哪些产品可以大胆备货,哪些产品应该谨慎备货。

5.8 实践与练习

1. 生意参谋作为淘系商家的核心数据工具,具有哪些核心分析板块?

2. 想要研究淘系平台不同产品属性的销售走势,可以在生意参谋的哪个板块中进行数据分析?

第 6 章 通过市场数据分析挖掘蓝海市场

6.1 市场数据分析的目的

大数据时代,几乎所有的商业行为都会基于动态的市场变化不断地打破原有的平衡,由此也产生了很多的新机会。但是这些机会不会主动来到我们的面前,我们需要对整个市场进行持续不断的观察才能发现机会。同时,市场的竞争状况也是影响我们能否快速占领市场的关键因素。占领竞争小、垄断性弱的市场的难度肯定比占领竞争大、垄断性强的市场的难度要小。因此,不管是大商家还是小商家,市场的数据分析及选择都是需要我们在运营前期投入大量精力的关键环节。

一般来说,进行市场数据分析主要有以下 3 个方面的目的。

1. 缩小选款范围

很多人都希望通过市场数据来选款,如果你选择跟进的产品已经是市场上的大爆款了,那么你选择的同款在市场上就很难有所突破。爆款的相似款一般都销售得不好,如图 6-1 所示,除非你的产品的价格与竞争对手的价格不在一个区间。

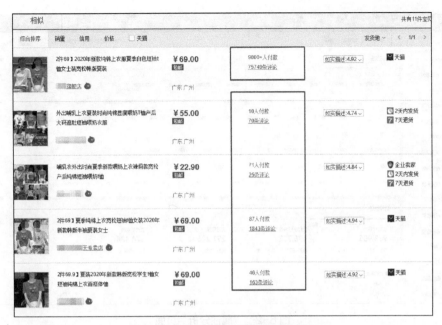

图 6-1 爆款的相似款的销量综合排名

为了能够更快地判断市场需求，我们可以通过对市场产品属性进行分析来缩小选款范围，进而确定产品。以下是对包袋市场产品属性的分析。

背包方式：主要以多功能的产品开发为主，单肩、斜挎、手提式的包袋在市场上的需求量增长最快。

流行元素：帆布包的流行元素以车缝线、皮带装饰为主。

制作材料：以涤纶和棉纶为主。

包袋大小：中包是市场上的主流需求，小包的季节性比较明显，上半年可以借势开发一些小包；产品结构为小包（30%）、中包（50%）、其他（20%）。具体数据可进入生意参谋→市场→属性洞察，在"属性分析"页面中查看，如图 6-2 所示。

从图 6-2 中我们发现，消费者对包袋产品的功能需求是大同小异的，我们要想在产品的制造上与对手形成差异是比较困难的。因此，在强调产品品质的前提下，我们要把功夫下在提升产品体验上，包括产品的款式设计、客服人员的培训、开箱体验、售后的流程优化等，以提升产品在客户心中的品牌形象。尤其是在针对学生人群时，我们一定要注意口碑营销的效应，强调开箱体验的惊喜感，把成本花在客户维护上，这样才容易真正实现差异化。

图6-2 "属性分析"页面

我们在进行连衣裙市场的分析时应设定不同的年龄段,每个年龄段下面有该类人群对产品的喜好属性。这样有助于我们在选定人群之后,通过分析目标人群喜好的属性来缩小选款范围。

另外,我们在判断一个产品是否有潜力时,也要从这些属性出发,分析整个市场中的哪些属性是比较受欢迎的、市场容量是比较大的。

2. 了解市场容量和竞争情况

对于一个品类来说,我们一定要搞清楚销售目标,然后有针对性地选择与其对应的市场容量。比如,我们要完成1000万元的业绩,那么选择的市场容量一般都不会低于5亿元,否则要完成1000万元的业绩是比较难的。

但是,一般容量大的市场竞争也会比较激烈,对于这样的市场,我们往往会选择进入细分市场。比如,美白、保湿这种功能单一的面膜是非常常规的产品,它的市场容量非常大,但是竞争也很激烈。如果我们能够细化它的功能,那效果就不同了。比如,我们推出的一款具有新功能的面膜,该功能是以前的市场上的产品所没有的,那么,这个产品就可以快速地进入市场。

由此可见,对于市场容量大的品类,我们一定要选择一个细分市场进入,这样才有竞争空间，否则我们的竞争力是相对较弱的。而对于新店铺来说，往往会分析这个产品的市场需求在未来会不会相对较大，这个市场的容量会不会扩大。如果我们发现一个市场的容量是在扩大的，而且市场的需求在未来也会比较大，那么我们就可以进入这个市场。

3．了解市场的周期变化规律

每个店铺都要做好年度计划，比如，应该在什么时间点开始上新、什么时间点开始重推、什么时间点开始清仓，这些都要根据市场的时间节点来进行调整。也就是说，我们要了解市场的周期变化规律，要顺势而为，在合适的时间做合适的运营操作。比如，我们通过做年度计划，明确在每个时间节点大概要完成多少业绩，这个过程需要多少产品、多少品类，每个品类的推广侧重，这才有助于运营人员清楚自己的工作重心。

另外，我们在做全年计划的时候，除了原本的计划以外，也要时常注意市场的新变化，因为发现新的增长市场就意味着发现了新的商机。大多数运营人员都希望能发现增长市场，但商机是转瞬即逝的。因此，我们要多关注市场的变动，这样才有机会发现新的商机。

6.2 挖掘蓝海市场

我们知道，市场数据分析的目的之一就是发现蓝海市场，从而把握市场商机，获取更大利润。那我们应该如何去挖掘蓝海市场呢？下面通过一个案例来讲解挖掘蓝海市场的全过程。

由于公司主营项目所处的市场和规模进入了瓶颈期，公司为了扩大发展的规模，希望在箱包大类目下寻找一个新的扩充品类，在品类选择上希望找到一个市场规模不太小，而且具备上升空间的类目。经过考察，我们选择了拉杆箱类目，下面围绕为何选择拉杆箱类目进行详细的讲解。

6.2.1 在市场中选择合适的类目

进入一个市场之前，首先要了解这个市场的容量有多大。要快速了解一个行业应该从它的二级类目开始，比如女装的二级类目有裤子、半身裙、套装、毛衣等。我们首先要了解的是这些二级类目的市场占有情况（即市场占比）。我们要在二级类目里查看哪些类目的市场占比是比较大的，并且具备较强的增长性。通过分析，我们要快速找到那些具备强增长性但市场竞争相对较小的蓝海市场。

在电商平台上，流量的分配具有很强的集中性，二八定律适用于流量的分配，即20%的商家基本占据了80%的流量（流量基本上集中在搜索页面的前五页）；也就是说，80%的商家占据了20%的流量，且这20%的流量是非常分散的，聚焦性不强。

对于小商家来说，女装类目的市场机会是比较多的，因为市场规模越大、品类越丰富、关键词越多，二八定律效应就越会被弱化，商家也就越有进入的空间。

由此可见，在同样是竞争比较激烈的市场，千万不要选择小市场和标品市场，因为这类市场的竞争已经特别激烈了。在同样的成熟市场中，不要选择小类目市场，因为小类目市场的垄断性是比较强的；而标品的属性相对较少，它的细分空间是比较小的。所以，我们应该选择大市场中的小市场，而不是选择小市场中的细分市场。

了解了以上基本情况后，我们回到具体的案例中。在当时（2016年），整个箱包市场份额约为250亿元，其中女士包袋占据了最大的市场份额（33.5%，共计约83.7亿元），双肩背包、旅行箱、男士包袋的市场份额相近，如图6-3所示（数据源于生意参谋）。而其他类目的市场份额就小得多了，但是依然也有千万元级别的市场份额。因此，我们可以根据自身的目标去选择需要进入的市场，进行下一步的分析研究。

产品	销售额/元	销售占比
女士包袋	8373743936	33.46%
双肩背包	4547993936	18.17%
旅行箱	4341931436	17.35%
男士包袋	4153401436	16.59%
钱包	2985938936	11.93%
旅行袋	225958936	0.90%
卡包	190883936	0.76%
钥匙包	91646436	0.37%
手机包	52892686	0.21%
箱包相关配件	46246436	0.18%
证件包	16699436	0.07%
卡套	2511986	0.01%
总计	25029849526	100.00%

图6-3　箱包市场份额占比

6.2.2　观察最近3年的市场增长情况，寻找市场增长点

找到了合适的类目市场之后，还要对市场容量进行预估，预估这个市场的容量有多大。就像现在的共享经济一样，为什么共享经济会选择自行车、充电宝？因为这些产品的市场占有率是非常高的。如果我们能找到这样一个人人都有可能会用的产品，它的市场容量就会变得非

常大。

所以，我们在选择产品的时候，一定要有前瞻性，要对它未来的市场情况做好预判，而不是只看到它现在的市场份额增长或下跌。值得注意的是，我们要分析它最近3年的市场增长情况。我们对比了旅行箱和女士包袋市场近3年的销售额（单位：元）增长情况，发现女士包袋的销售额在2014年后出现了下滑的趋势，而旅行箱的销售额依然保持增长，如图6-4所示。旅行箱的市场主要集中在学生、出差人员、旅行人员等，而据2015年旅游业公布的数据，中国的出游人数已经高达当年40亿人次，人们对旅游越来越喜爱，因此旅行箱几乎是人们必备的产品。

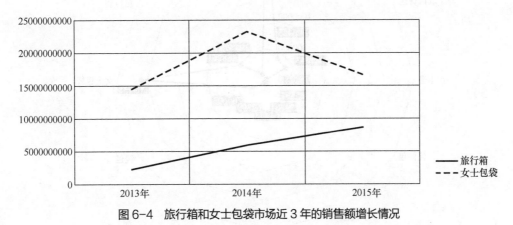

图6-4　旅行箱和女士包袋市场近3年的销售额增长情况

6.2.3　如何判断类目市场的可操作空间

市场容量的大小并不能完全代表类目的好坏，所以我们在分析数据时不能只看单一的数据指标，还要考虑市场可分配量（有销量的卖家的平均分配量）。具体来说有以下几种情况。

- 分配量高，市场容量大，说明该市场具有良好的进入空间。
- 分配量低，市场容量大，说明市场竞争过度激烈。
- 分配量高，市场容量比较小，市场需求增幅大，说明这个类目的发展会很好。
- 分配量低，市场容量比较小，市场需求增幅大，有资源者可进入这一市场。
- 分配量低，市场容量小，市场需求无明显增幅，建议不要选择这个类目。

例如，在图6-5中，分配量最大的是旅行箱，其次是女士包袋，其他子类目的分配量都比较低。旅行箱分配量大主要是因为旅行箱的单价高，且分析期间竞争商家相对较少；女士包袋分配量大则主要是因为它的市场容量大、复购率也相对较高；而其他类目市场的分配量小则是因为竞争相对激烈。

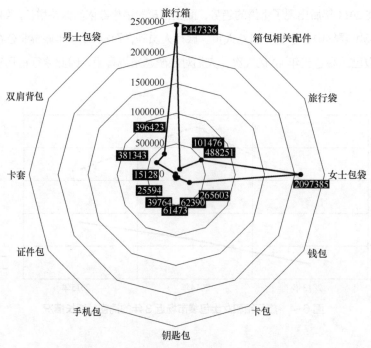

图 6-5 子类目市场分配量（单位：件）

6.2.4 市场是否具有明显的季节性

分析市场是否具有明显的季节性的原因在于，运营要配合时间节点的节奏，并且季节性的强弱对运营能力的要求是不一样的。对于季节性强且销售时间比较短暂的品类，比如服装中的春季产品，如果运营人员没有把握好时间节点就去运营，很容易错失季节的时间点，一旦错失了季节的时间点，就容易导致库存积压。

另外，对季节性强的品类，我们还要关注每年热销产品的变动是不是比较大，也就是产品的更新迭代速度是不是比较快。对于一些更新迭代速度比较慢的产品，为防止其断货，我们可以多备一些货，即使当年卖不掉，第二年依然可以将其列为主推产品进行销售。

名师点拨

对于没有经验的运营人员,不建议运营季节性特征明显的产品,否则很容易错失销售时间点,导致库存积压。

图6-6所示为拉杆箱市场增长趋势图(单位:件)。从5月开始,拉杆箱市场需求就会有一个非常明显的爆发期。对于这个时间点,通常在4月之前,我们就要开始维护账户、直通车、关键词以及基础销量。我们必须在4月完成基础准备工作,因为到了5月之后,市场需求会出现暴涨,如果这个时候才开始做准备就会比较晚了。

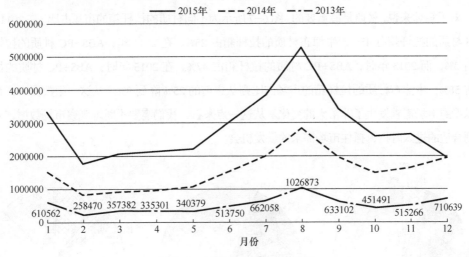

图6-6 拉杆箱市场增长趋势图

对于拉杆箱产品来说,我们在4月就要完成上架和基础销量等方面的准备。但是拉杆箱的生产周期是比较长的,一般要2~3个月,而且成本不低。因此,我们应该在前一年的12月就开始准备生产,但前一年的12月我们并不知道今年流行的款式,这就是为什么拉杆箱市场会出现很多的清仓商家。总之,这个产品市场具有两个特点:①产品的准备时间长;②很多商家无法准确预判未来市场的变化和需求。

6.2.5 了解产品特性

从6.2.4节的分析来看,拉杆箱是一个具备增长空间、市场竞争相对较小的类目。另外,该类目的季节性强、高峰期短暂、产品的更新迭代速度不快,因此,该产品是比较适合开发的。

那么，应该开发什么样的拉杆箱呢？这需要我们进一步地对该类目进行分析，比如该产品具有哪些属性，如材质、软硬度、颜色、尺寸等。

我们在进行属性分析时，并不是要对产品的所有属性进行分析，而应主要分析什么属性对于产品更具有区分性。

对于拉杆箱来说，其主要的属性是箱体材质和硬度。

1. 箱体材质

对于箱体来说，材质是最重要的。图6-7所示为不同材质的拉杆箱的市场占比。在2011年，ABS材质的拉杆箱占45%，牛津布材质的拉杆箱占25%。在2011年，ABS+PC材质的拉杆箱只占3%，而2013年时，ABS+PC材质的拉杆箱占47%。在2015年时，ABS+PC材质的拉杆箱占58%，牛津布材质的拉杆箱的市场占比则从之前的25%降到9%。从这一组数据中，我们可以看到市场需求发生了非常大的变化。从这一点来看，我们需要不断地观察市场数据，才能找到合适的进入时机，抓住市场需求的爆发机会。

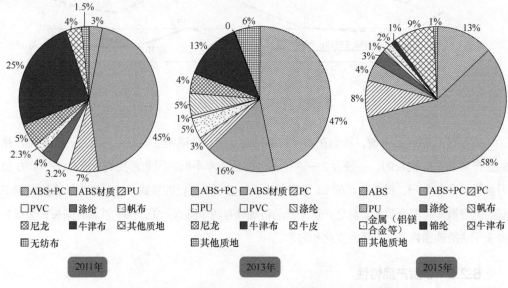

图6-7　2011年、2013年、2015年不同材质的拉杆箱的市场占比

2. 箱体硬度

图 6-8 至图 6-10 所示为不同硬度的箱体的市场占比。2011 年，硬箱和软箱的市场占比差不多，分别为 52% 和 48%。2013 年，硬箱占 66%，软箱占 34%。2015 年，硬箱占 80%，软箱占 20%。基于这些数据，我们当时只做硬箱，没有做软箱，因为硬箱相对软箱来说更美观，而且现在的硬箱有一定的弹性，材质也很好。

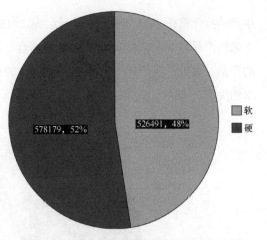

图 6-8　2011 年不同硬度的箱体的市场占比

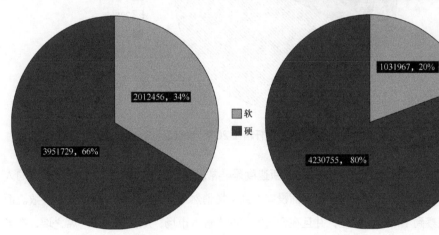

图 6-9　2013 年不同硬度的箱体的市场占比　　图 6-10　2015 年不同硬度的箱体的市场占比

> **名师点拨**
>
> 这两个根本属性的市场变化，导致了整个拉杆箱市场在 2013 年里发生了非常大的变化。如果我们在这个时候进入市场，成功的概率就很高。

6.2.6　产品各年重叠度分析

产品各年重叠度分析，即分析产品更新迭代的速度到底有多快。图 6-11 所示为各年生产的拉杆箱在 2015 年的市场占比。从 2015 年的数据来看，当年新款占 32%，2014 年留下来的产品占 56%。也就是说，在 2015 年，上一年留下的这 56% 的产品依然是市场热卖的产品。另外，我们还可以看到，2013 年的产品仍在销售，但是 2012 年及以前的产品基本消失了。

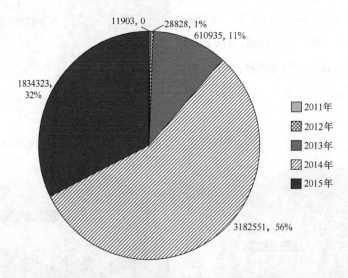

图 6-11　各年生产的拉杆箱在 2015 年的市场占比

由此我们可以看到，拉杆箱产品的更新速度是非常慢的，这使那些只依靠经验运营的人觉得每年卖的都是同样款式的拉杆箱，而没有看到市场悄然地发生了变化，最终运营失败。而我们较早地观察到了市场的变化，并且在合适的时间点进入市场，从而占领了一席之地，在半年内快速完成了 2000 万元的业绩目标。

6.2.7　数据的收集

市场分析使用的数据需要我们借助工具或者手动去收集，目前市面上比较流行的市场工具有情报通、生意参谋等。生意参谋的数据需要人工去收集，因为它最多只有最近 30 天的数据，我们可以按照月份每个月收集一次，并按照数据模板进行整理。

在收集数据的过程中，有几个问题要注意，这里我们以收集市场的属性数据为例进行详解。

（1）在收集数据的时候，一定要注意数据平台能够提供数据的时间段。比如某平台就只提供30天、7天和1天的统计数据，如果我们需要收集每个月的数据，那就需要在每个月的第一天去获取近30天的数据集合。

（2）要考虑数据收集的效率问题。在图6-12所示的"热门属性"和"属性分析"处都可以获取数据，但是在"属性分析"中只能一个个地收集属性数据，这样效率就很低；而"热门属性"可以一次性展示该属性下的所有细分属性，比如图6-12所示的"上市时间"这个属性，其下的多个数据均可以一次性收集完成。收集数据时，注意每页显示的条数，系统一般默认是10条，我们可以调为100条，这样就不用翻太多页去收集数据，从而提高效率。

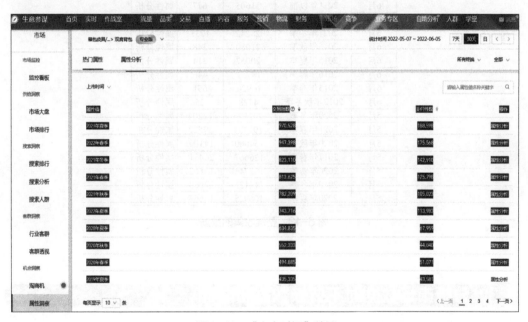

图6-12 "上市时间"数据

（3）在复制数据的时候，最好不要选中最后一格，否则在粘贴到Excel表格中时容易出现排列错误。

（4）把复制的数据粘贴到Excel表格中时要按照时间段排列好数据，如图6-13所示。收集数据是一个长期的过程，运营人员一定要积极地储存数据。

月份	属性值	交易指数	支付件数	操作
6月	2021年夏季	269975	7799	属性分析
6月	2020年冬季	202590	12204	属性分析
6月	2021年春季	191234	29522	属性分析
6月	2020年秋季	154060	14100	属性分析
6月	2017年春夏	126667	26431	属性分析
6月	2020年春季	122746	13802	属性分析
6月	2019年冬季	114133	22660	属性分析
6月	2020年夏季	106925	13664	属性分析
6月	2019年夏季	101385	6652	属性分析
6月	2019年秋季	93017	5653	属性分析
6月	2019年春季	86639	4614	属性分析
6月	2018年秋冬	84682	6974	属性分析
6月	2018年春夏	76951	5359	属性分析
6月	2017年秋冬	70262	3698	属性分析
6月	2011年以前	31605	677	属性分析
6月	2021年秋季	29035	168	属性分析
6月	2021年冬季	28242	1237	属性分析
6月	2016年秋季	21080	348	属性分析
6月	2015年夏季	20057	314	属性分析
6月	2016年春季	18751	446	属性分析
6月	2015年春季	16920	651	属性分析
6月	2012年秋冬季	4728	25	属性分析
5月	2020年冬季	202590	12204	属性分析
5月	2021年春季	191234	29522	属性分析
5月	2020年秋季	154060	14100	属性分析
5月	2017年春夏	126667	26431	属性分析
5月	2020年春季	122746	13802	属性分析
5月	2019年冬季	114133	22660	属性分析
5月	2020年夏季	106925	13664	属性分析

图 6-13 整理收集的数据

6.3 分析市场数据时不要被数据所误导

数据化时代，数据是运营人员的第三只眼睛，我们需要根据数据来判断运营效果的好与坏，从而进行相应的调整。因此，数据对于运营人员而言非常重要，它是运营人员决策的依据。但是，不同的运营人员对相同数据的理解不同也会影响最终的决策方向，甚至一些数据化运营能力较弱的人，如果不对数据进行多方面的验证，可能还会出现非常大的错误。下面将为大家讲解数据误导的有关案例。

某店铺想销售沙发垫,目前市场上的沙发垫风格主要是现代简约。该店铺为了打开差异化市场,把店铺产品定位为欧式风格的沙发垫,但这个定位到底合不合适?下面我们用市场数据来分析说明。

6.3.1 分析沙发垫市场的容量

我们要进入某一个市场,首先要对这个市场的容量进行分析,如果该行业的市场容量大,则可以考虑进入。因此,我们可以通过生意参谋来收集整个家居布艺行业的数据,将日期分列成年和月两列,并按类目名称、成交量、占比字段制作数据透视表,如图6-14所示。

2017布艺市场类目	成交量	占比
缝纫DIY材料、工具及成品	63693343	15.88%
家居拖鞋/凉拖/棉拖/居家鞋	63131731	15.74%
坐垫/椅垫/沙发垫	47553502	11.86%
地垫	37952843	9.46%
窗帘门帘及配件	31638360	7.89%
餐桌布艺	30336181	7.56%
靠垫/抱枕	29779739	7.43%
毛巾/浴巾/浴袍	28413853	7.08%
防尘保护罩	19739271	4.92%
十字绣及工具配件	16111745	4.02%
海绵垫/布料/面料/手工DIY	15974402	3.98%
地毯	11246905	2.80%
其他/配件/DIY/缝纫	4741222	1.18%
刺绣套件	460715	0.11%
挂毯/壁毯	270497	0.07%
总计	401044309	100.00%

图 6-14 成交量数据透视表

从图6-14中的数据可以看出,布艺市场类目成交量的前三名中,第一名是缝纫DIY材料、工具及成品,第二名是家居拖鞋/凉拖/棉拖/居家鞋,第三名是坐垫/椅垫/沙发垫。从成交量的占比情况来看,坐垫/椅垫/沙发垫占11.86%,年销量约为4755万件,而市场均价在20元左右,市场规模超过10亿元,是一个不小的市场,那么这个市场就可以进入。

6.3.2 分析沙发垫市场近3年的销售情况

现在我们来看看沙发垫市场近3年的销售情况(单位:件),如图6-15所示。从图6-15中可以看出,沙发垫市场近3年整体的销量是在上升的,这说明这个市场还未进入饱和期,新商家还有机会进入这个市场。另外,我们会发现,每年2月(过年期间)是这个市场的低谷期,而3~6月是快速增长期。也就是说,如果我们要进入这个市场,我们至少应该在2月就做好一切准备，这样才能赶上市场的快速增长期，也才有可能获得较高的销量。

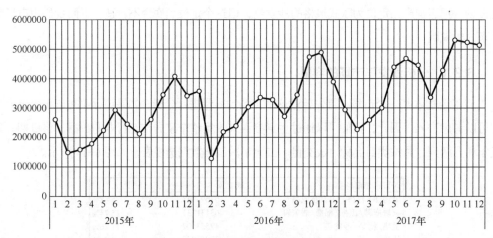

图 6-15　沙发垫市场近 3 年的销售情况

6.3.3　分析沙发垫市场不同材质的销售情况

不同材质的沙发垫的销售情况也有所不同，因此，我们有必要分析不同材质的沙发垫 1～12 月的销售情况（单位：件），如图 6-16 所示。

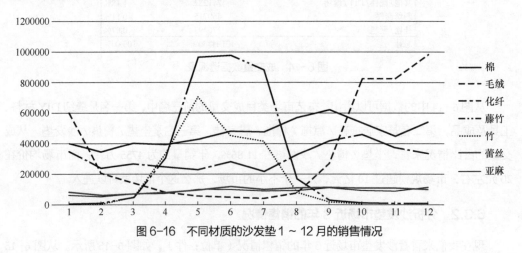

图 6-16　不同材质的沙发垫 1～12 月的销售情况

从图 6-16 中我们可以看到，毛绒材质的沙发垫在 8 月以后（秋冬季）才迎来爆发期，这个市场的销量主要集中在 10～12 月。我们还可以看出，化纤、棉材质的沙发垫属于四季款，一年四季都有销量，并且全年销量相对稳定。另外，夏季的沙发垫市场的销量主要来自竹和藤竹材质的产品。

综上所述，沙发垫店铺要健康发展，必须要规划、设计好一年的沙发垫产品，不能只销售单一材质的沙发垫产品，店铺必须要有一两款四季款来积累店铺的基础销量，并在冬季主推毛绒材质产品，夏季主推藤竹材质产品，春秋季主打棉材质产品。

6.3.4 沙发垫风格的选择

接下来我们对沙发垫风格的选择进行分析。该店铺选择的风格是欧式风格，那么欧式风格到底是不是正确的选择呢？

1. 从沙发垫销量的角度分析

我们将沙发垫的销量和占比数据按风格进行排列，如图 6-17 所示。销量排名前三的风格分别是简约现代、欧式、田园，其中欧式的市场销量占 30.5%。从数据来看，店铺将产品定位为欧式风格也算选择了一个主流市场，但在实际推广时销量并不高。因此，为了验证这个数据的有效性，我们从沙发的销量的角度进行分析。

风格类型	销量	占比
简约现代	979334414	43.3%
欧式	689549713	30.5%
田园	286555444	12.7%
美式乡村	82153472	3.6%
现代中式	43001499	1.9%
北欧	110062807	4.9%
地中海	16996370	0.8%
韩式	11362935	0.5%
其他	14948498	0.7%
新古典	6995409	0.3%
明清古典	9454815	0.4%
日式	4604368	0.2%
复古怀旧	1851222	0.1%
美式	4302158	0.2%
东南亚	900279	0.0%

图 6-17　按风格排列沙发垫的销量和占比数据

2. 从沙发的销量的角度分析

为什么要从沙发的销量的角度分析？因为沙发垫的使用主体是沙发，欧式沙发的销量会直接影响欧式沙发垫的销量。从图 6-18 所示的数据来看，简约现代风格的沙发占市场的

77.55%，而欧式风格的仅占市场的 3.99%，这个市场占比与对应风格的沙发垫的市场占比相差太多。另外，我们还发现，有很多商家在上架简约现代风格的产品时为了避开简约现代这个市场的竞争，而将属性填写成欧式，从而导致后台数据出现偏差，最终造成错误的数据结果。

行标签	销量	占比
简约现代	648149	77.55%
北欧	50314	6.02%
田园	35201	4.21%
欧式	33357	3.99%
日式	26355	3.15%
美式乡村	22307	2.67%
现代中式	10619	1.27%
地中海	6665	0.80%
其他	2777	0.33%
总计	835744	100.00%

图 6-18　按风格排列沙发的销量和占比数据

由此可见，对于市场呈现出来的数据，我们一定要多方位地验证，这样才能最大限度地避免被数据误导。尤其是属性数据，因为在目前的市场上，属性数据中风格属性的界定非常混乱。比如服装，很多时候我们并不能确定它的风格。但是欧式与简约现代很明显不同，为什么很多商家还会在产品本身并不是欧式时将属性填写成欧式呢？因为这个属性并不是给消费者看的，而是给搜索系统看的。

因此，我们在分析时要全方位地辨别，不要盲目地只看数据，还要结合实际情况去分析。以上就是关于这个案例的市场分析，虽然每个市场的分析思路是差不多的，但是分析结论的导向性是不一样的。所以，我们平时在进行市场分析的时候，一定要注意不要被数据牵着鼻子走，一定要好好地挖掘数据背后的真实情况。

6.4　选择具有可操作性的类目

很多时候，我们可能会面临多个类目的选择，这时就需选择具有可操作性的类目。选择合适的类目不仅可以降低我们的运营难度，而且会让我们更容易获得利润。

6.4.1　锁定目标类目

很多电商从业人员为了寻找一个有潜力的类目，会把市场上很多类目的数据找出来一个一个地分析。这样不仅操作难度大，而且耗费时间长，整体效率低。其实正确的做法是先锁定目标类目，然后进行类目的选择，即先通过蓝海市场趋势分析，在大类目下分析小类目，锁定少数目标类目，再进一步分析这些类目的相关数据，包括定价的方向、材质、风格等。

> **名师点拨**
>
> 虽然很多大商家会经营多个类目，但是它们通常只有一个主类目，不可能做到各类目均衡发展。

因此，我们锁定目标类目的思路是：先选择一个主类目，再选择两个延展类目，一个叫作相似类目，另一个叫作搭配类目。比如，我们选择以T恤为主类目，其相似类目可能为雪纺衫，搭配类目可根据风格延伸至几款休闲裤。按这个分析逻辑敲定几个类目，而我们的主类目就只有一个T恤类目。

锁定目标类目需要考虑以下3个条件。

（1）合适的市场容量。月销一两万元的类目与月销上百万元的类目之间的量级差距超过100倍。

（2）合适的时机。对于要经营的类目，我们要有足够长的筹备期，什么时候有货卖，什么时候上架，商家都要心中有数。

（3）自身拥有一定的资源。假设我们要经营女装类目，首先要清楚自己有什么资源，比如工厂资源、原创设计师资源、"粉丝"资源，这些资源是可以结合运营转化为营业收入的。我们是围绕现有的消费者去定制产品，还是根据现有产品去寻找合适的消费者，这要根据现有的可操作的资源确定。

根据以上3个条件，我们可以确定主类目及延展类目的产品布局，从而确定产品的开发数量和营销节奏。另外，除了确定主类目和延展类目以外，我们还要确定两者之间的量的分配问题，也就是产品的开发数量。

6.4.2 类目分配分析

类目分配是指利用类目支付金额与类目卖家数的比值，来了解类目生意量级的一种数据分析方法。

类目分配的目的如下：

（1）在确定一级类目后，选择二级类目；

（2）观察目标类目的市场规模进而做出选择。

图 6-19 所示为服装类目的分配情况。"金额/卖家数"为对应卖家的分配量，分配量比较高的子类目有羽绒服、皮草、中老年女装，其分配量均大于 26.9 万元（图 6-19 中数据收集时间为 12 月）。

行业名称	支付金额较父类目占比	支付金额	卖家数	金额/卖家数
羽绒服	14.13%	2138436648	7066	302651
裤子	11.55%	1747979001	13170	132723
毛呢外套	11.10%	1679875923	9888	169891
毛衣	8.08%	1222828600	8431	145035
连衣裙	7.77%	1175913146	12401	94823
皮草	5.67%	858098782	3183	269586
毛针织衫	5.61%	849018372	9648	87998
棉衣/棉服	5.19%	785455499	7480	105009
中老年女装	4.65%	703731805	2608	269809
牛仔裤	3.63%	549364829	6414	85656
婚纱/旗袍/礼服	2.61%	394997852	1962	201310
皮衣	2.60%	393484450	4394	89550
卫衣/绒衫	2.36%	357162809	6725	53111
半身裙	2.33%	352622604	10173	34661
套装/学生校服/工装	2.23%	337488586	8923	37823
衬衫	2.15%	325381372	10142	32084
T恤	2.13%	322354569	11101	29038
短外套	1.82%	275439115	9632	28595
风衣	1.13%	171014396	7973	21448
大码女装	0.99%	149826771	2485	60283
蕾丝衫/雪纺衫	0.93%	140746361	8411	16733
马夹	0.52%	78696890	6362	12370
唐装/民族服装/舞蹈服	0.37%	55995864	799	70106
西装	0.30%	45402052	5050	8990
背心吊带	0.16%	24214428	6468	3926
抹胸	0.01%	1513402	759	1994

图 6-19 服装类目的分配情况

从类目分配情况来看，我们可以进一步确定各类目的市场容量，比如平时比较少见的皮草，它的占比是相当高的。而背心吊带、抹胸这些类目都属于辅助类目，它们的占比就非常低。卖家可以调查一下有没有专门销售背心吊带、抹胸的竞争对手，分析这些辅助类目的市场容量是否符合自己的选择。

名师点拨

> 在进行数据对比时，要在同一个大类目下对细分类目进行比较，不要跨类目进行数据对比。

6.4.3 市场垄断分析

在我们选择了羽绒服和中老年女装类目后,下一步是分析它们的市场垄断性。TOP100品牌或者TOP100商品的市场占比高于30%即可判断为垄断性比较强。一般情况下,市场规模较小、产品较为单一的类目的垄断性都非常强。

市场垄断性太强,对于没有品牌影响力的小卖家来说是非常不友好的。比如,奶粉、化妆品类目的垄断性较强,前期需要强有力的品牌运营。例如,美妆类目的一叶子产品通过大量的广告做品牌曝光,塑造品牌形象,先进行大力推广,再引流转化。小卖家要进入这类垄断性强的市场,用金钱与时间成本去进行品牌深耕是不明智的。

6.4.4 真实卖家分析

有价值的真实卖家可视为竞争对手。了解了市场的垄断情况之后,我们还要分析竞争卖家的真实情况,调查清楚真实卖家有多少。真实卖家即其销售成交都是健康、真实存在的,而非"僵尸"卖家。

我们要了解目标类目市场中的真实卖家的情况,就要收集他们的数据并把数据整理出来,然后进行分析和研究。只有这样,我们才能对这个类目的竞争情况非常清楚。这样整理分析出来的结果,比行业平均值更可靠得多。

比如,以前的淘宝页面在用户搜索一个关键词后会显示这个关键词下面有多少商品数。关键词的竞争度就等于这个关键词的搜索流量(搜索指数)除以这个关键词下的商品数。在搜索出来的产品中,有销量的不会太多,而那些无销量的都属于无用的竞争商品。

如果类目商品的关键词很少,那它在线上会比在线下更难抢夺市场份额。因为线下有基本的区域性保护,而线上的竞争环境公开且搜索透明化,再加上标品类商品的人群标签性很弱,这就导致只有少部分商品销售得很好。消费者跟风购买畅销品,畅销品继续获得销量,最终成为垄断市场的龙头单品。

我们从生意参谋中收集了羽绒服和中老年女装的相关数据,如图6-20所示。从图6-20中我们可以看到,羽绒服和中老年女装的卖家数分别是6566家和2108家,但是实际上有销量的卖家数分别是2236家和1127家。因此,我们要去除这些无效卖家,得到修正后的真实卖家数。根据修正卖家数后的剩余卖家分配额来看,羽绒服约为29.9万〔(167141752×80%)÷(2236×20%)〕元,中老年女装约为32万〔90432733×80%÷(1127×20%)〕元,略高于羽绒服。

品牌维度	TOP100卖家支付金额	TOP500卖家支付金额	行业
羽绒服	1155261397	1591774768	1758916520
中老年女装	296469264.7	511998426	602431159
羽绒服市场占比	65.68%	90.50%	1
中老年女装市场占比	49.21%	84.99%	1
羽绒服剩余市场份额			167141752
中老年女装剩余市场份额			90432733
羽绒服卖家数			6566
中老年女装卖家数			2108
修正卖家数			
羽绒服卖家数			2236
中老年女装卖家数			1127
修正二八定律			
羽绒服卖家分配额			299001
中老年女装卖家分配额			320968

图 6-20 羽绒服和中老年女装的相关数据

6.4.5 流量价值分析

流量价值是指流量能够做出的贡献。

$$流量价值 = 销售金额 \div 访客量$$

一些类目可能流量很少，但是它的销售额很高；而另一些类目可能需要获取很多的流量才能达成较低的销售额。流量价值影响我们获取流量需要花费的精力。

有价值的流量可以让我们把精力集中在引入有价值的流量上，我们在花钱去获取流量的时候，要考虑这些流量是从哪些方面给我们带来价值的。比如，我只需要1000个流量，通过优化直通车或者超级推荐等付费手段，就可以轻松获得足够的流量。如果我想要几万个流量，那我就需要与类目里拥有几万个流量的品牌或店铺竞争。从流量层级看，日均几万个流量的商家的竞争环境更加复杂，因为竞争不仅仅是流量的竞争，还有品牌、供应链、客服等其他指标的竞争。

经营女装类目的商家深有体会，女装类目让人头痛的地方是"起爆流量的时候，流量很大，不起爆流量的时候，流量又非常小"。小商家要跟那些流量大的商家竞争，想通过直通车等站内付费推广方式获取流量，但直通车的竞价成本已经很高了，一些大关键词的竞价成本更高，所以要获取这些流量，竞价成本很高且难度很大。

有些类目的竞争环境相对好一些,即使前期投入一些成本去买这些流量,但因为需要的流量少,成本也比较低,产品有足够的利润。在这种情况下,如果能够做好转化,花钱买流量还是很划算的。

用付费引流工具很容易就可以提高产品的排名,从而与排名靠前的产品直接竞争。

在分析这些问题的时候,我们要理解每个问题的难点到底在哪里,包括流量来源、访客浏览的页面深度。对于有些类目,访客进来之后会多看几个页面;而对于有些类目,访客可能就只会看一个页面。对于那些会浏览几个页面的人群,只要我们在产品优化方面再做得好一点儿,他们可能就会再多浏览几个页面,这样即使他们不怎么喜欢这个类目,这个产品不适合他们,也还有下一个产品可以展现给他们。

这样做的目的就是引导进入店铺的访客多看几个页面,即使他不喜欢 A 产品,也可能会需要 B 产品、C 产品,这样买流量的费用可能就赚回来了。所以流量价值分析能有效提高流量的利用率。

我们将从生意参谋中收集的数据进行整理,得到图 6-21 所示的表格。

类目	访客数	浏览量	浏览商品数	被支付卖家数	被浏览卖家数
羽绒服	238570507	1695475940	3712907	69402	209315
中老年女装	66016663	478779185	4470424	34079	77555
	浏览深度	商品平均浏览量	卖家平均曝光商品数	卖家平均浏览量	被支付卖家数占被浏览卖家数
羽绒服	7.11	456.64	17.74	8100.12	33.16%
中老年女装	7.25	107.1	57.64	6173.41	43.94%
羽绒服与中老年女装倍数关系(始终用大数除以小数)	商品平均浏览量	卖家平均曝光商品数	卖家平均浏览量	被支付卖家数占被浏览卖家数	
	4.26	3.25	1.31	1.33	

图 6-21 整理收集的数据

根据这些数据,我们可以得出以下结论。

(1)从浏览深度来看,两者相差不大。

(2)从商品分配的流量角度来看,羽绒服的流量分配值高于中老年女装,但是中老年女装的曝光商品数更大(这是因为中老年女装的类目属性比较分散)。从两者倍数来看,虽然羽绒服产品分散度低，但流量相对集中在部分商家手中，故总体上要优于中老年女装。

（3）从流量的支付能力来看，虽然羽绒服的流量分配值高，但其最终的流量支付占比低于中老年女装，但是从利润空间来看，羽绒服要优于中老年女装。

6.4.6 核心指标分析

一般来说，转化率、收藏率、停留时间等核心指标表现越好，商家不仅初始阶段的运营难度大，而且想再提高的难度也很大。比如，转化率从 5% 优化到 10% 提升了 1 倍，幅度是 5%；而转化率从 1% 优化到 2% 同样提升了 1 倍，幅度是 1%，虽然看起来都提升了 1 倍，但是从 5% 到 10% 的难度远大于从 1% 到 2%。

转化率、收藏率、停留时间等指标是搜索引擎基本的参考数据。指标越高，代表整体市场的基数越大，搜索引擎判断的标准肯定也会越高。市场基数小，搜索引擎判断的标准自然就比较低。其实，竞争过程就是对这些数据进行核实、参考、对比的过程。所以我们要选择一些指标相对较低的类目。也就是说，我们在分析类目市场的可行性时，除了进行类目之间的对比分析外，还要观察行业数据，为判断后续自身指标的表现提供参考。

图 6-22 所示是羽绒服和中老年女装的相关指标，从搜索人气来看，羽绒服的需求量远高于中老年女装（这是因为羽绒服现在处于销售旺季）。但是从其他的指标来看，无论是支付件数转化率、搜索点击率、加购率还是收藏率，中老年女装都比羽绒高。一般情况下，市场核心指标数据表现越好，初始阶段的运营难度也就越大，因为需要优化为更高的数据才能够跑赢市场大盘从而获得更好的展示机会。

类目	访客数	搜索点击人数	支付件数	加购人数	收藏人数	搜索人气
羽绒服	238570507	51629829	3637856	19869844	10516411	1841020
中老年女装	66016663	23822854	3269707	8269389	3452338	1196098
	支付件数转化率	搜索点击率	加购率	收藏率	搜索点击人数/搜索人气	
羽绒服	1.52%	21.64%	8.33%	4.41%	3.57%	
中老年女装	4.95%	36.09%	12.53%	5.23%	5.02%	

图 6-22 羽绒服和中老年女装的相关指标

6.4.7 销量基础分析

销量基础指店铺中的某款产品的基本销量。销量基础分析首先要看销量对消费者的影响大不大。我们经常说要破零、做销量，就是因为销量是信任转化的催化剂，而搜索的排序也是由销量和价格产生的坑位产值（坑产）决定的。

比如某款服装产品，对于大商家、大品牌来说，如果市面上没有或很少有相似款，而且这款产品确实受消费者喜欢，那么在这种情况下，销量就不是很重要。反之，对于小商家、小品牌来说，销量就变得非常重要。除了市场总量以外，销量高的产品，往往它本身的转化率、点击率、收藏率、加购率等核心指标都比普通产品要高。

有时我们也会发现，一些销量高的产品的转化率其实并不比同类产品高，这是因为不同产品的人群基数不同。人群基数大的产品，其引流过来的人群更广泛，人群精准度就会降低，从而转化率也会降低。如果销量高的产品人群基数大且人群精准度高，那么它的转化率会很高，这也是这类产品排名靠前的原因。

所以，爆款并没有固定的销量指标。对于销量基础，我们一般会考虑3天中基数的变动，也就是说在这3天里让销量保持稳步增长，3天后观察产品的搜索人气有没有上一个台阶。如果搜索人气没有随之提高，我们可以采取一些措施来获取更多的流量。当然这只是通过销量提升排名的一个思路，仅供参考。

对于那些销量很大但利润很低的、已经形成垄断的类目，如果我们想要进入，风险太大。而进入单件产品利润很高的市场，成功的可能性会更高一些。

图6-23和图6-24分别是羽绒服和中老年女装的销量（单位：件）与价格分布图。

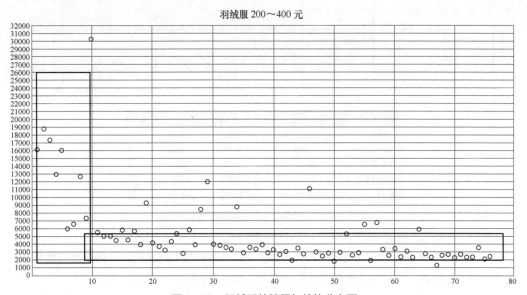

图6-23 羽绒服的销量与价格分布图

行标签	30天平均销量	最大销量	最小销量	卖家数
0-100	6364.73	33129	1889	66
100-200	4858.74	14603	1719	39
200-300	4962.05	16109	1849	43
300-400	5909.09	30198	1367	33
400-500	5110.60	18943	1749	20
500-600	4783.07	15470	1862	14
600-700	3539.00	3912	3166	2
700-800	2892.50	3115	2670	2
800-900	2803.00	2803	2803	1
总计	5467.15	33129	1367	220

图6-23 羽绒服的销量与价格分布图（续）

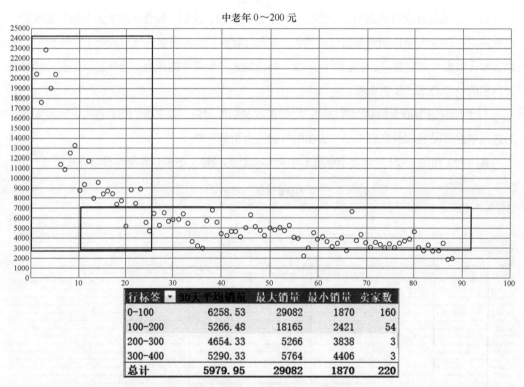

行标签	30天平均销量	最大销量	最小销量	卖家数
0-100	6258.53	29082	1870	160
100-200	5266.48	18165	2421	54
200-300	4654.33	5266	3838	3
300-400	5290.33	5764	4406	3
总计	5979.95	29082	1870	220

图6-24 中老年女装的销量与价格分布图

从价格分布来看，并不是低价产品才好卖，300～500元价格区间的羽绒服的销量并不比低价的产品销量低，而且这个价格区间的优质商家数比低价区间的少了一半。

中老年女装的价格区间就明显比羽绒服的窄很多。价格在100～200元的竞争商家数较少，这一价格区间的羽绒服有比较高的销量。

经过细化分析，我们可以看出，价格在 300～500 元的羽绒服的销量基础在 2000 件以上，价格在 300～400 元的中老年女装的基础销量在 3000 件以上，而且中老年女装的高销量产品分布更广，商品竞争更加强势。

6.4.8 价格层分析

销量基础分析偏向于标品类产品，而价格层分析偏向于非标品类产品。价格层是消费等级中非常关键的部分，是划分人群标签非常重要的一个因素（也就是用于确定人群的购买力）。所以，对于产品的价格分层导致的流量分配，我们要通过价格层分析寻找原因。通过价格层分析，我们可以了解到不同价格层中具有不同的搜索流量的引入偏好。

下面对图 6-25 所示的羽绒服的价格和图 6-26 所示的中老年女装的价格进行分析。

羽绒服价格	手淘首页	手淘搜索	淘宝客	淘内免费其他	直通车	智钻	商家数
100～150	54956	1589159	43198	540107	33730	1188	20
150～200	68062	1063456	15666	240575	27642	1782	18
200～300	63729	1224506	51169	325895	38976	2970	12
300～400	52433	850918	35957	541296	15742	3782	15
分配量							
100～150	2748	79458	2160	27305	1687	59	
150～200	3781	59081	870	13365	1536	99	
200～300	5311	102042	4264	27158	3248	248	
300～400	3496	56728	2397	36086	1049	252	

图 6-25 羽绒服产品的价格分析

中老年女装价格	手淘首页	手淘搜索	淘宝客	淘内免费其他	直通车	智钻	商家数
0～49	35000	128620	73600	55180	29120	11200	20
50～99	158220	214320	30720	27040	30840	15600	20
100～149	64575	154200	31620	30833	22485	20190	15
150～200	25800	53200	6500	35600	25040	10250	10
分配量							
0～49	1750	6431	3680	2759	1456	560	
50～99	7911	10716	1536	1352	1542	780	
100～149	4305	10280	2108	2056	1499	1346	
150～200	2580	5320	650	3560	2504	1025	

图 6-26 中老年女装产品的价格分析

（1）从流量的整体结构来看，羽绒服和中老年女装的手淘搜索流量都很大。其中，价格在 100～150 元的羽绒服的手淘搜索流量最大，价格为 50～99 元的中老年女装的手淘搜索流量最大；羽绒服的手淘搜索中的最大流量要比中老年女装的大很多。

（2）从分配量情况来看，羽绒服在 200～300 元区间的搜索流量平均分配量更高，这说明市场上的人群对于价格在 200～300 元的羽绒服需求更大。而中老年女装在 50～99 元和 100～149 元区间的搜索流量分配量是差不多的，说明 50～149 元是这个品类的主流价格区间。

（3）从付费流量来看，羽绒服与中老年女装的付费占比都很低（低于 10%）。

综合前面的分析，羽绒服的市场环境要比中老年女装的市场环境好一些。我们通过分析这个案例，希望大家能够对自己产品所处的市场环境有一个深入的了解。当然，要运营好一个店铺，除了要选择一个好的市场和好的时机进入外，店铺的产品布局与运营策略都是需要我们好好思考的。另外，我们在选择类目时，不能看到什么热门就选择什么，而要经过综合的分析才能决定。但也不是说经过这么多的分析之后选定的类目就一定有好的效果，即使进入了一个真正的蓝海市场，我们也有失败的风险。只能说经过这样的分析确定的类目是比较科学、合理的。

6.5 如何根据市场数据做好品类规划

市场分析不仅仅是发现蓝海、了解竞争对手，它是企业在做产品规划时必须要完成的一项工作。本节将讲解如何根据市场数据做好品类规划。

6.5.1 店铺销售破局要做好品类规划

很多电商运营人员一开口就是要打造爆款、制定销售目标、进行推广投放、报名参加活动，所以很多商家都把重心放在如何搜索引擎优化、直通车推广、报名活动等流量引爆环节。但大家都知道，不是随便拿一个类目、一款产品，不断加大对直通车的投入或者补单就可以提高产品的销量的。店铺要实现销售破局，规划整个店铺的产品品类是非常关键的。提升店铺销量需要制定品类策略、价格策略，做好商品规划，设定销售目标，投放资源，开展推广活动等一系列操作的配合，这样才能够真正实现业绩的突破，如图 6-27 所示。

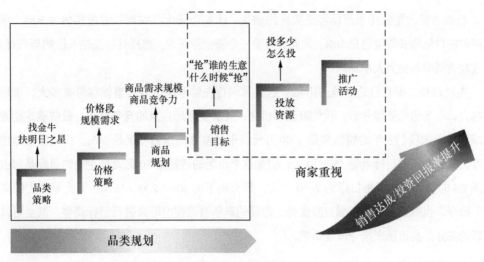

图 6-27 品类规划

6.5.2 品类规划分解

品类规划分解包括目标分解和品类分解。

1. 目标分解

制定目标绝对不是拍脑袋进行的,而是要根据产品规划来分解目标,以帮助我们实现目标。在目标制定过程中,我们主要考虑两个增长:一是自然增长,二是主动增长,如图 6-28 所示。

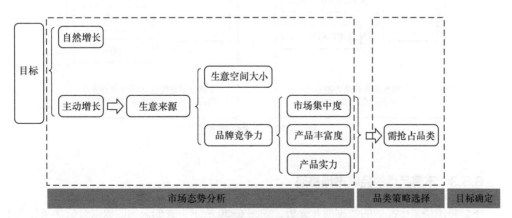

图 6-28 目标分解

自然增长，是依托于市场容量实现的增长，比如市场大盘的增长幅度预估为50%，那我们店铺的自然增长幅度也是50%，因此，对于一个新企业来说，选择具备高增长性的新兴行业，其成功的概率将会大大增加。

主动增长，即有目的地抢占市场。这里我们首先要考虑市场的整体容量有多大，市场容量越大，市场份额就越分散，我们就越有机会；其次要考虑自身的竞争优势，最终确定企业品类规划。比如我们去年的销售额是1000万元，市场整体的预估增幅是50%，那按照自然增长幅度，我们今年的目标就是1500万元；假如这个市场的容量是10亿元，企业的目标是想占据市场2%的份额，也就是目标为2000万元，那么剩下的500（2000-1500）万元就要去跟竞争对手抢夺，也就是我们要根据自身优势、市场的竞争激烈程度等来进行目标调整，甚至可以布局新的细分品类市场来抢夺市场份额。

2. 品类分解

接下来我们对品类进行分解，其分解流程如图6-29所示。

首先，对品类进行分解。对整体的品类状况与格局和品类价格带分布状况进行分析，明确本店的品类重点，合理分配品类预算。

其次，对商品进行分解。对商品的分解可以具体到商品的细节上，比如风格、元素、价格带，根据企划需要找到符合市场需求的商品和有更大溢价空间的商品。

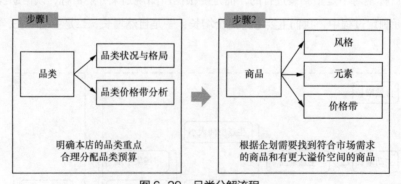

图6-29　品类分解流程

6.5.3　不同品类的品牌市场格局

下面将围绕某个品牌的数据展开分析，如图6-30所示，我们采用四象限分析法来分析不同类目的市场销售额和增长率（方框代表该品类是本店已有的品类）。目前市场上的马甲、卫衣/绒衣是增长率很高的品类。在冬季产品中，羽绒服是目前具备高市场容量、高增长率的"金牛"产品，毛呢外套是处于高竞争状态的"红海"产品。背心吊带、风衣处于停滞状态，而风衣、西装裤/正装裤和雪纺衫处于下滑状态。市场需求最大的连衣裙也处于红海市场，从它的增长率来看，连衣裙市场已经基本饱和。

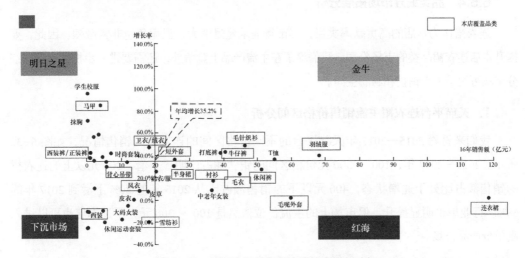

图 6-30　利用市场销售额和增长率进行分析

接下来，我们根据不同类目的不同情况，以及各品类在该店铺中的状况来进行分析。在图 6-31 中，我们可以看出店铺的优势品类（市场份额高于 0.1% 的品类）有短外套、羽绒服、半身裙和风衣，其中半身裙处于竞争激烈的红海市场。对此，我们要保住市场优势，关注竞争对手的变化。而对于依然在快速增长的羽绒服类目，我们要依靠目前自身的市场优势来增加市场份额，并且将羽绒服作为冬季重点推广的对象。

市场类型	金牛					红海					明日之星		下沉市场			
本店品类	T恤	短外套	毛针织衫	牛仔裤	羽绒服	半身裙	衬衫	连衣裙	毛呢外套	毛衣	休闲裤	西装裤/正装裤	马甲	雪纺衫	背心吊带	风衣	西装
增长率	255.8%	259.2%	174.7%	198.9%	117.6%	109.4%	50.3%	15.9%	16.3%	399.0%	39.4%	4088.3%	767.5%	26.3%	473.0%	32.3%	14.4%
销售额（万元）	280	304	169	125	699	421	288	508	587	20.6	353	2.7	6.4	157	21	165	31.7
市场份额	0.052%	0.119%	0.037%	0.031%	0.103%	0.166%	0.078%	0.043%	0.098%	0.005%	0.069%	0.040%	0.017%	0.087%	0.038%	0.109%	0.063%
		品类对本店贡献高但市场份额低				优势品类			品类对本店贡献高但市场份额低			品类对本店贡献高但市场份额低				优势品类	

图 6-31　不同品类在不同阶段，以及各品类在该店铺中的状况分析

连衣裙、毛呢外套、休闲裤对本店销售额的贡献大,但它们的市场份额小,而且都处于红海市场,市场增长缓慢。因此,对于这几个类目,我们应该在保持现有业绩水平的情况下,寻找类目下的细分蓝海市场,进一步抢占市场份额。

6.5.4 品类细分市场拓展分析

连衣裙作为本店的高贡献率类目,其市场需求量足够大,但竞争也非常激烈。因此,要提升本店连衣裙品类的市场份额,我们除了在主流产品上竞争外,还需要进一步挖掘有哪些细分市场可用于扩大销售和利润空间。

1. 天猫平台连衣裙主流销售价格区间分析

我们来看看2015—2017年天猫平台的不同价格区间的连衣裙的销售情况,如图6-32所示。2015—2017年,100~300元价格区间的销售额占比明显下滑,300元以上的连衣裙的销售额占比处于递增状态,400元以下的销售额占比从2015年的80%下滑到2017年的68%。行业单价明显提升,但市场上的主流价位依然是100~300元,不过本店也可以进入高单价产品市场。

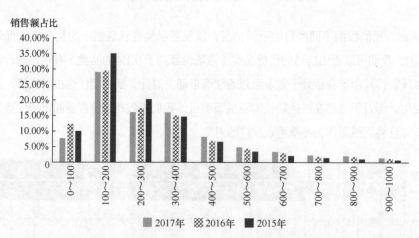

图6-32 2015—2017年天猫平台的不同价格区间的连衣裙的销售额占比情况

价格区间	销售额占比		
	2017年	2016年	2015年
0~100	7.83%	12.37%	10%
100~200	29.19%	29.65%	35.16%
200~300	15.98%	17.43%	20.40%
300~400	15.98%	14.99%	14.57%
400~500	8.39%	6.84%	6.78%
500~600	4.89%	4.35%	3.44%
600~700	3.35%	3.06%	2.16%
700~800	2.28%	1.96%	1.39%
800~900	1.97%	1.73%	1.14%
900~1000	1.51%	1.20%	0.97%
1000元内占比	91.37%	93.58%	96%

图 6-32　2015—2017 年天猫平台的不同价格区间的连衣裙的销售额占比情况（续）

2. 本店连衣裙主流销售价格区间分析

2015—2017 年第二季度本店连衣裙不同价格区间销售情况如图 6-33 所示。2015 年，连衣裙的销售价格主要集中在 100 ~ 200 元；2017 年，店铺中 200 ~ 300 元的价格区间的销售额占比有大幅度的提升，另外，价格在 500 元以上的高端产品的销售额占比也有所提升。

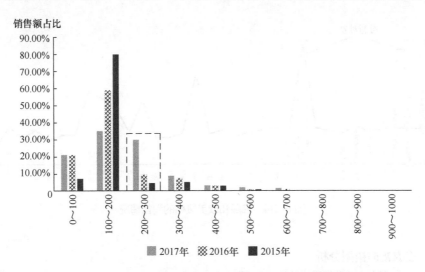

图 6-33　2015—2017 年第二季度本店连衣裙不同价格区间销售额占比情况

价格区间	销售额占比		
	2017年	2016年	2015年
0~100	20.73%	20.79%	7.05%
100~200	34.95%	58.90%	79.49%
200~300	29.73%	9.07%	4.45%
300~400	8.59%	7.07%	5.12%
400~500	2.98%	2.60%	3.10%
500~600	1.61%	0.81%	0.78%
600~700	1.40%	0.76%	0.00%
700~800	0.00%	0.00%	0.00%
800~900	0.00%	0.00%	0.00%
900~1000	0.00%	0.00%	0.00%
1000元内占比	100%	100%	100%

图6-33　2015—2017年第二季度本店连衣裙不同价格区间销售额占比情况（续）

3. 连衣裙的风格分析

在整个连衣裙风格市场中，韩版和欧美风格是两个最大的市场，通勤风格是增长率最高的，所以我们把这3类风格列为分析对象。本店主要做欧美风格，从数据来看，欧美风格目前还处于增长阶段，但是其增长已经趋于平稳。韩版和欧美风格的市场规模最大，通勤风格增长率达576.90%，如图6-34所示。

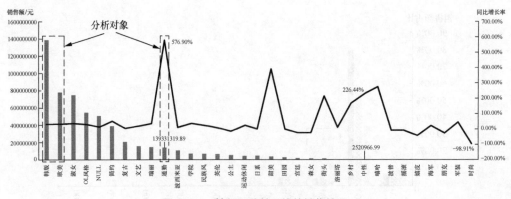

图6-34　韩版和欧美风格的销售情况

4. 连衣裙的裙型分析

从裙型来看，A字裙的销售额最高，约达19亿元，而且增长率高达51.53%，是连衣裙主要的裙型。另外，荷叶边裙作为一个新崛起的裙型，目前基数虽小，但是增长率最高，可作为丰富产品线的裙型；而公主裙、铅笔裙在过去 4 个季度一直处于负增长状态，如图 6-35 所示。

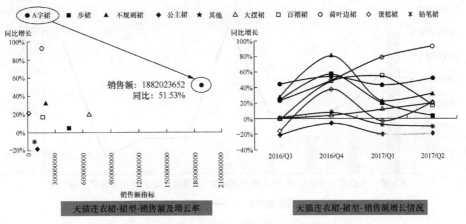

图 6-35　不同裙型的销售情况

由于服装类目的产品风格会影响产品的设计方向，因此，接下来我们将以风格为主要对象，将其与其他关键产品属性进行组合分析。

（1）不同风格连衣裙的裙型分析。

A 字裙、大摆裙的销售额在 3 类风格中均排在前两位，通勤风格的荷叶边裙、不规则裙的增长率较高，其他不同风格的裙型的销售情况都差不多，如图 6-36 所示。因此，在产品设计上，裙型的规划相对比较稳定。

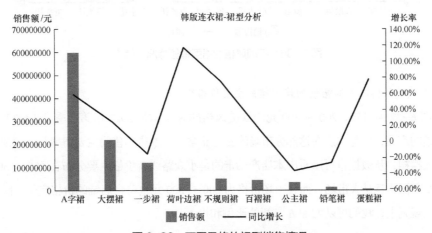

图 6-36　不同风格的裙型销售情况

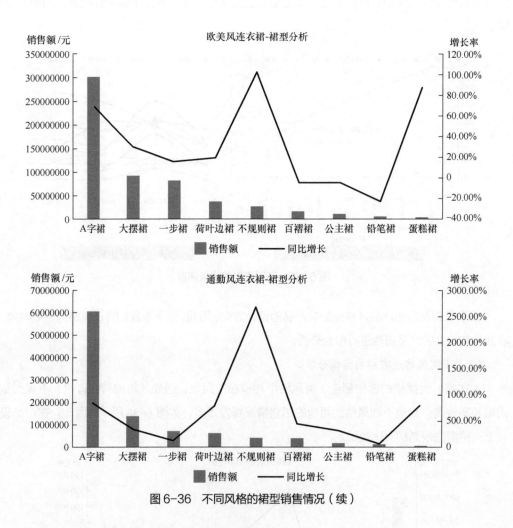

图 6-36 不同风格的裙型销售情况（续）

（2）欧美风格的不同裙型的连衣裙的主要价格带。

从图 6-37 中可知，200～300 元的欧美风格的 A 字裙是 2017 年第二季度（Q2），市场上最畅销的产品，但是本店在这部分市场的占比非常小。本店销售的主要裙型是不规则裙、一步裙和大摆裙，从数据也可以看出本店产品走的是小众路线，价格主要分布在 100～300 元范围内。A 字裙毕竟是大市场，而且市场价格为 200～300 元也符合店铺的价格定位。因此，在今年产品规划上，我们可以增加 A 字裙的比例和投入。

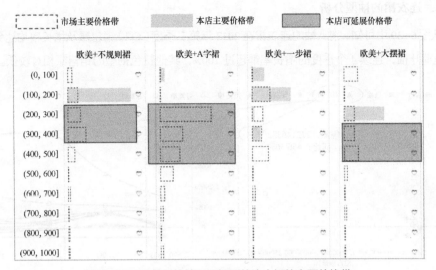

图 6-37 欧美风格的不同裙型的连衣裙的主要价格带

（3）韩版风格的不同裙型的连衣裙的主要价格带（本店无该风格产品，仅供参考）。

从如图 6-38 中可知，韩版市场的主要价格带比欧美风格的窄，主要集中在 200 元以下。在韩版风格中，A 字裙是主力军，但荷叶边裙、大摆裙也都是不错的市场选择。

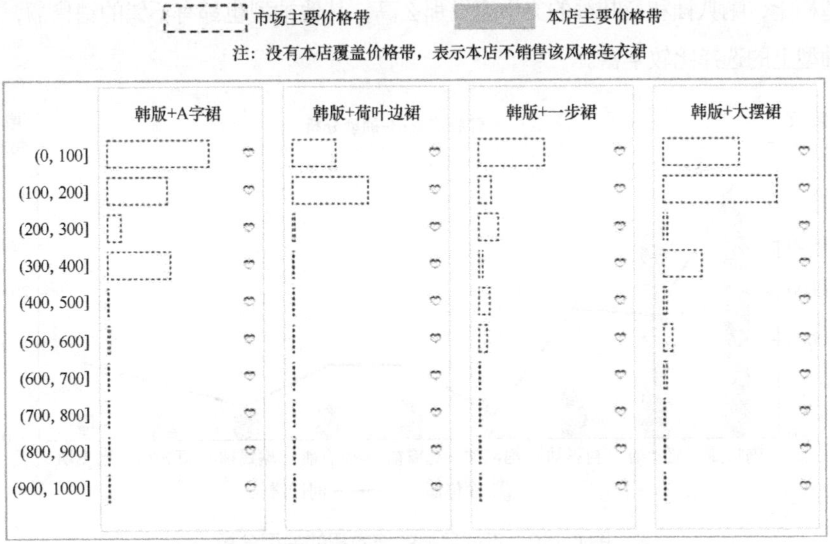

图 6-38 韩版风格的不同裙型的连衣裙的主要价格带

5. 连衣裙的袖型分析

从图 6-39 中可知，喇叭袖的连衣裙在 2017 年第二季度（Q2）销售额及增长率均达到高位，其次是荷叶袖，连续 4 个季度的增长率都超过 100%，其他特色袖型的销售额相对较低。

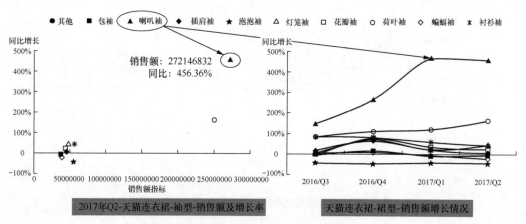

图 6-39　连衣裙袖型的销售情况

（1）不同风格的连衣裙的袖型分析。

从图 6-40 中可知，通勤风格的荷叶袖比喇叭袖更畅销；欧美风格的袖型与韩版、通勤风格的袖型相比，喇叭袖和荷叶袖的集中度没那么高，其他袖型也都有不错的销售额，因此欧美风格在袖型上的选择比较丰富。

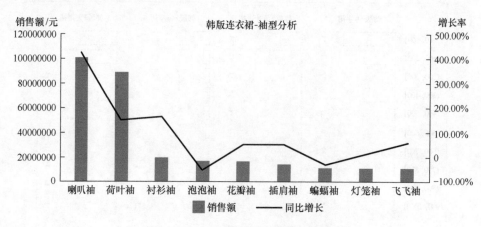

图 6-40　不同风格的连衣裙的袖型分析

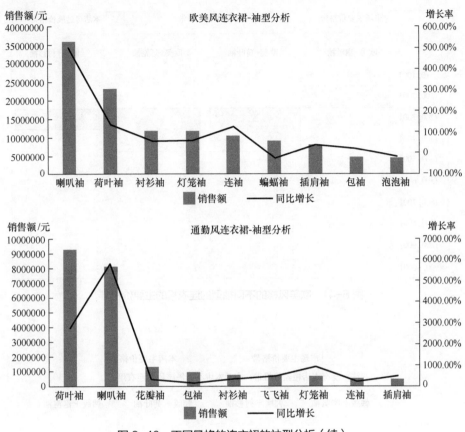

图 6-40　不同风格的连衣裙的袖型分析（续）

（2）欧美风格的不同袖型的连衣裙的主要价格带。

从图 6-41 中可知，本店主要销售的是喇叭袖和灯笼袖，荷叶袖是第二季度（Q2）热销 TOP2 的袖型，而且市场主要价格分布也很符合本店的价格定位，但是本店并没有布局此类产品。本店的灯笼袖产品的价格低于市场主要价位，且未在 200 ~ 300 元的价格带内布局相应的产品，这是本店采取的引流策略。

（3）韩版风格的不同袖型的连衣裙的主要价格带。

从图 6-42 中可知，韩版的主要价格在 100 ~ 200 元范围内，袖型主要是喇叭袖、衬衫袖和荷叶袖，而泡泡袖连衣裙的销售价格则比较高，集中在 300 ~ 400 元。

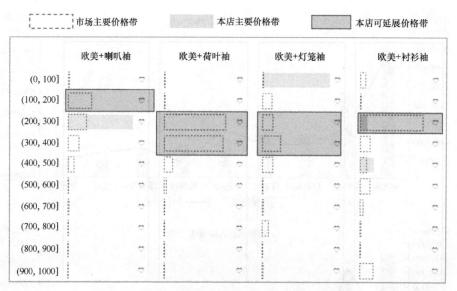

图 6-41 欧美风格的不同袖型的连衣裙的主要价格带

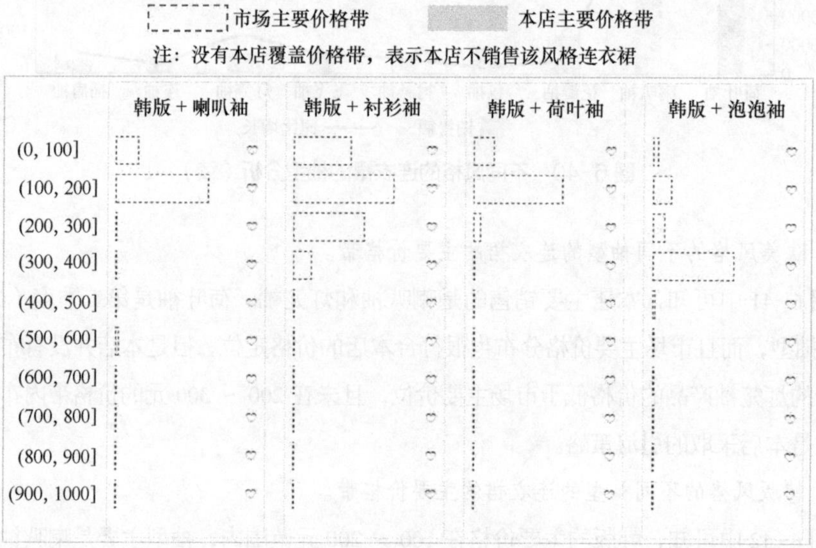

图 6-42 韩版风格的不同袖型的连衣裙的主要价格带

6. 连衣裙的工艺分析

从图 6-43 中可知，2017 年第二季度（Q2）市场上的印花工艺连衣裙的销售额近 13 亿元，同比增长约 28%，系带、绣花、拉链、拼接的增长率都比较高，其中，系带的增长率最高，连续 4 个季度保持 100% 以上的增长率。

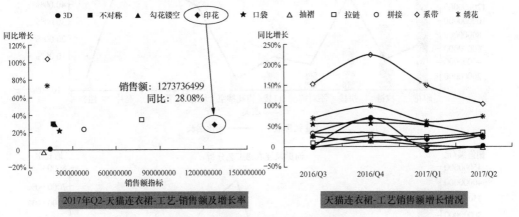

图 6-43　不同工艺的连衣裙的销售情况

（1）不同风格的连衣裙工艺分析。

从图 6-44 中可知，印花、拉链在 3 类风格中的销售额都排在前两位，韩版连衣裙在工艺选择上相对多样化，欧美风格的工艺偏单一。蕾丝主要运用在韩版及通勤风格中，在欧美风格中鲜有运用。亮片仅在欧美风格中有运用，且在欧美风格中增长率最高。

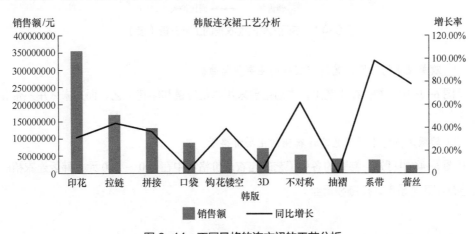

图 6-44　不同风格的连衣裙的工艺分析

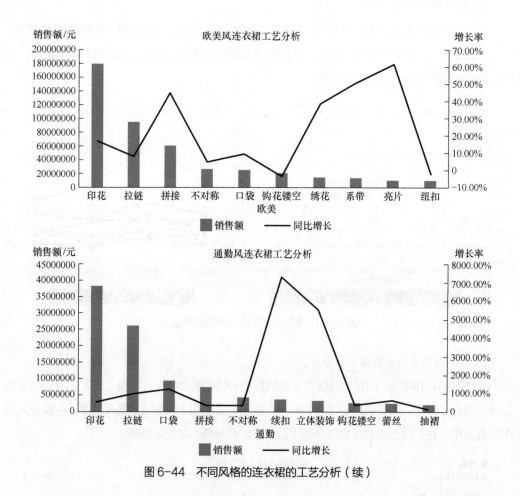

图 6-44 不同风格的连衣裙的工艺分析（续）

（2）欧美风格的不同工艺的连衣裙的主要价格带。

从图 6-45 中可知，在工艺上，本店主要采用的是拉链和印花工艺，而并未采用系带和亮片工艺。

（3）韩版风格的不同工艺的连衣裙的主要价格带。

从图 6-46 中可知，韩版的各种工艺的连衣裙价格集中在 100～200 元，韩版连衣裙的主要工艺是印花、系带、拉链和蕾丝。

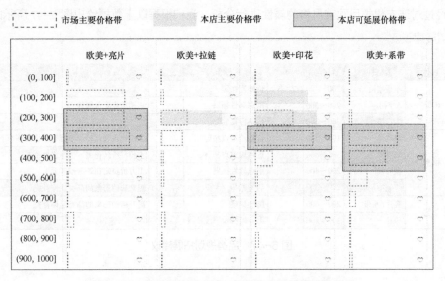

图 6-45 欧美风格的不同工艺的连衣裙的主要价格带

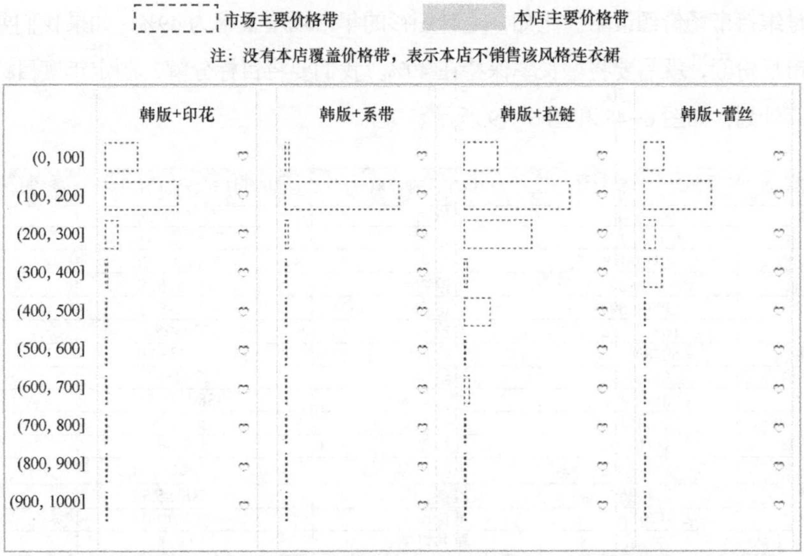

图 6-46 韩版风格的不同工艺的连衣裙的主要价格带

7. 本店连衣裙品类的规划拓展建议

经过对连衣裙类目欧美风格的属性进行分析，我们根据以上数据给出图 6-47 所示的品类规划拓展建议。

属性	属性值	价格/元	韩版	欧美	通勤	备注
裙型	不规则裙	200~400		价格段拓展		
	A字裙	200~300		重点属性拓展		店铺重点定位属性
	大摆裙	300~500		价格段拓展		
袖型	喇叭袖	100~200		价格段重点拓展		主价格段转化好，考虑客单价上移下移
	喇叭袖	300~400		价格段重点拓展		主价格段转化差，考虑客单价下移
	荷叶袖	200~400		重点属性拓展		主力价位定在200~300元
	灯笼袖/衬衫袖	200~300		品类延伸		提升店铺形象的品类延伸补充
工艺	亮片/系带	200~400		属性拓展		提升店铺形象的品类延伸补充
	印花	300~400		重点属性价格段拓展		

图 6-47　品类规划拓展建议

6.5.5　做好年度目标增长规划

我们要围绕每个品类在市场上的销售情况及店铺的优势，确定新一年是采取抢占市场份额策略还是维持市场份额策略。比如，毛针织衫的年市场增长率为49%，如果我们要在新的一年里维持市场份额，就需要将增长率保持在49%。我们要将目标分解，制定年度目标，并且做好周期推广计划，如图 6-48 和图 6-49 所示。

本店品类	实际2016年销售额	2017年品类策略	预计2017年销售额	2017年增长率
T恤	2840954.2	抢占	7386480.92	160%
半身裙	4213520.23	抢占	7584336.414	80%
休闲裤	3531350.8	抢占	7768971.76	120%
羽绒服	6994885	抢占	20984655	200%
短外套	3049569	抢占	6709051.8	120%
风衣	1655386.2	抢占	2979695.16	80%
连衣裙	5078260.6	抢占	7617390.9	50%
背心吊带	214886	维持份额	279351.8	30%
衬衫	2881968.1	维持份额	3380548.581	17.3%
蕾丝衫/雪纺衫	1567108.6	维持份额	1567108.6	
毛呢外套	5871969	维持份额	5871969	
毛针织衫	1691705.4	维持份额	2520641.046	49%
牛仔裤	1245864	维持份额	1781585.52	43%
西装	317017.9	维持份额	317017.9	
西装裤/正装裤	27810	顺其自然	39490.2	42%
马甲	64661	顺其自然	119622.85	85%
毛衣	206532	顺其自然	254034.36	23%

图 6-48　制定年度目标增长规划

第 6 章
通过市场数据分析挖掘蓝海市场

 付费推广

时间段	抢占份额							维持份额			
	T恤	半身裙	休闲裤	羽绒服	短外套	风衣	连衣裙	衬衫	蕾丝衫/雪纺衫	毛针织衫	毛呢外套
第一季度				■							
第二季度		■	■				■	■	■		
第三季度		■	■				■			■	■
第四季度		■		■						■	■

图 6-49 推广计划

我们只有根据市场数据确定市场目标和做好年度规划，才能明确企业运营的方向，才能更好地分配资源和进行推广，最终推动目标的实现。如果我们没有通过市场数据来规划自身的产品，那么我们就会陷入被动之中。

6.6 实践与练习

1. 对于季节性不明显的标品类目，在运营过程中是否需要关注市场走势，把握一年的各个节点？
2. 为什么电商零售产品的市场垄断性比线下零售的更强？

第 7 章 用数据解析平台流量

无论是对于新店铺,还是对于老店铺来说,流量都是店铺生存和发展的基础。每一个店铺都希望自己的产品权重高、搜索排名靠前、商品流量大。

一个店铺要想获得来自平台的源源不断的流量,首先要打造合理的店铺流量结构。店铺流量可以分为免费流量和付费流量,一般情况下,如果一个店铺的免费流量占70%,付费流占量30%,就说明这个店铺的流量结构是健康的。如果一个店铺的付费流量占比过大,免费流量占比过小,就说明这个店铺的流量结构不健康,不利于店铺的成长。一个店铺要规划合理的流量结构就要控制各种流量的入口占比:产品结构要合理,且产品数量不宜过少;优化产品搜索流量的入口;适当投放付费广告,但不要过于关注直通车或智钻的投产比;尽可能地增加流量入口,比如淘宝客、微淘、优惠券、淘口令、店铺活动、直播等,因为流量入口越多,系统给予的店铺权重越高,就越有利于免费引入流量。

7.1 如何打造店铺流量

一个店铺要想快速打造爆款,首先就需要做好流量分析,知道该产品的流量来源结构、引流的渠道、流量的占比情况、流量渠道的转化率和时间的变化趋势。下面讲解店铺流量运营的实际操作、产品爆发的关键因素,以及如何把控获取流量的市场节点。

7.1.1 店铺流量运营的实际操作

很多运营人员都希望靠一种技巧、一张表格创造运营奇迹。图 7-1 所示的这张表格是很多电商运营新人期望能制作出的表格,因为表格给出了每天要做的具体操作,他们希望按照表格操作，最终实现爆发性增长。在实际运营的过程中，因为这种表格而成功的人只是少数。既然如此，为什么有很多人喜欢这张表格呢？因为此表格简单实用。

															15天	16天
这里填写你的产品单价 248元																
操作天数	第1天	第2天	第3天	第4天	第5天	第6天	第7天	第8天	第9天	第10天	第11天	第12天	第13天	第14天	前一天	后一天
单品总订单量（自动）正常单+大额单+凌晨单 当天成团才算	5	9	12	10	17	19	23	23	27	32	35	37	42	46	24	-17
真实成交销售额 当天成团才算（手填）			1200											80000	20000	当天成交金额填在下一天
填实访客数（手填）			20													5
填实收藏数（手填）			5	5												5
填实加购数（手填）			5													5
正常单数（自动）	4		10	8	14	16	19	19	23	27	29	31	35	39	20	-14
大额单数（自动）	1		2	2	3	3	4	4	4	5	6	6	7	7	4	-3
大额产值（自动）	744		1488	1488	2232	2232	2976	2976	2976	3720	4464	4464	5208	5208	2976	-2232
转化率（自动）	30%	27%	24%	18%	12%	8%	6%	5%	5%	5%	5%	5%	4%	4%	4%	4%
行业转化率	3%															
行业收藏率	8%															
行业加购率	15%															

图 7-1　电商运营表格

为什么有很多人失败呢？大家要明白，表格本身并没有对错，失败的根源还是在执行者，表格中的数据很多都是靠过去的运营经验得来的，而市场本身是动态变化的，这就需要执行者保持对市场数据变化的敏锐度，随时根据市场的变化来调整表格中的数据。

我们的产品所处的类目、面向的人群和潜力以及市场所处的阶段、竞争环境等的不同都会带来不同的变化，因此表格固然有用，但是它有用的不是那一堆数字，而是能让新手厘清要关注哪些指标的变化，而真正要使用的数据正是在洞察市场的过程中获得的，这才是数据化的精髓。通过数据判断市场的变化，从而及时做出调整，才能够真正获得成功。

很多人觉得数据化运营离我们很远，而实际情况并非如此。优秀的电商运营人员在日常运营过程中往往都离不开数据，不管是选款、获取免费流量，还是页面的调整、直通车的优化，都要通过数据来进行分析、判定、调整和反馈。一张表格看起来很简单，实则有很多学问，对其中每个数据的变动的解读，都包含了运营人员对业务的深度理解，否则就会出现南辕北辙的运营调整。

我们来看一个实例。在运营过程中，为了避免已经下单但未付款的客户流失，进而提升买家转化率，这时我们就需要知道用户在什么时候下单比较多，以及如果客户当天下单不付款那么会在什么时候回来付款，从而便于客服人员在合适的时间点进行客户催付以减少客户流失。要掌握客户的付款规律，单凭经验是不够的，所以需要数据的支持。例如，图 7-2 所示是当天下单未付款以及次日集中付款的时间点趋势。但是即使有了数据，关键还要看如何解读数据。我们曾基于图7-2，对906个运营人员进行了测评，能正确解读该数据的人数占比只有46.69%，如图7-3所示。

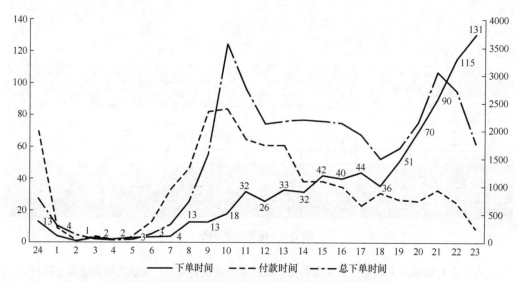

图7-2　当天下单未付款及次日集中付款的时间点趋势

催付时间段	选择此选项的人数小计	比例
22—23点	159	17.55%
23—24点	58	6.4%
10—11点	266	29.36%
8—9点（答案）	423	46.69%

图7-3　正确解读数据的人数占比

因此，分析一张简简单单的数据表，我们能解读出很多不一样的信息。也许大家都能够找到好用的运营工具，但每个店铺的产品不同，调入数据之后，能不能看懂它，能不能读懂它，这才是影响我们能否真正实现更好的运营效果的关键。因此，我们不要迷恋各种表格，而是应该好好理清楚业务的逻辑，根据市场变化来及时调整运营策略和操作。

7.1.2　产品爆发的关键因素

运营人员如果要真正发挥相应的运营表格的作用，那么应该从以下6个关键因素入手进行分析。

1. 选择的产品是否有潜力

要判断所选产品是否具有潜力,这就需要通过数据来测试和判断,如转化率的稳定性如何、是否存在爆款垄断等。

2. 选择的产品天花板到底在哪里

不是所有的产品都可以成为爆款,有的产品不能成为爆款,有的产品只能成为小爆款,而有的产品能成为大爆款。比如,关于第6章提到的属性问题,印花和纯色这两种不同的属性的天花板是不同的。选择的产品的天花板在哪里,同样需要我们通过数据去分析和判定。

3. 选择的竞争对手是否正确

图7-1所示的数据都是从竞争对手处获得的,可是绝大部分商家可能连自己的竞争对手都没有找正确,其所选择的参考数据就更不可能是正确的。因此,找到合适的竞争对手是非常关键的。绝大部分商家直接以TOP1的产品和数据为参考,这是一个很严重的错误,因为如果竞争对手选择错了,选择的数据也就失去了参考的意义。

我们在选择竞品时,要考虑购买竞品的人群与购买我们的产品的人群的重叠度如何,竞品本身是否具备很强的流量扶持优势。

4. 市场的流量结构分配比例如何

图7-1所示的表格告诉我们,销售额、访客数、收藏数、加购数等数据指标需要按照一定的比例分配。比如,搜索人群中有30%达成交易;收藏加购人群中有20%达成交易。每个类目的分配比例是不一样的,这需要我们通过市场数据为每个类目分配流量。

每个类目获取流量途径是不同的,有的类目是靠淘客,有的类目是靠推广,有的类目不需要花直通车和智钻的费用也可以获得流量。另外,通过不同途径获得的流量的比例也不同,如果运营人员都按照表中的数据设定肯定就不对了,表格中的数据只能作为参考,运营人员要根据自己店铺的流量结构来分配流量,动态调整自己店铺的数据。

5. 能否引进正确的人群

划分了人群之后,如何引进正确的人群非常重要。如果人群不对,转化率就无法提高,流量也无法增加。在流量成本越来越高的今天，各平台流量进入瓶颈区，平台对流量的产出价值要求越来越高，这也是划分人群的原因之一。如果我们的产品的流量产出价值不高，自然很难获得更多流量。因此，要获得更多流量不仅要求产品本身具有价值优势，而且要求引进的人群必须精准。

6. 正确计算搜索关键词坑位产值

搜索关键词坑位产值等于该坑位所带来的流量乘以转化率再乘以客单价，也就是该坑位所能够带来的实际交易额。对于平台而言，平台的交易额是由一个个坑位所带来的交易额构成的，因此，平台希望每个坑位都能够带来最大的成交量。如果我们占了坑位但是产值太低，说明我们的商品销量太低，缺乏竞争力，平台也不会愿意将没有销量的商品放在最醒目的位置，而会优先选择展示那些销量高的商品。因此，提升坑位产出值是非常有必要的。

7.1.3 把控获取流量的市场节点

接下来向大家介绍一个有关获取流量的案例，大家通过本案例应学会如何把控流量起步节奏，以及如何利用流量"起爆"的关键节点来计算坑产。在整个案例中，我们分别在两个阶段利用流量快速"起爆"。

第一阶段：在市场起步时，快速将流量拉升到3000左右，然后进入了一个相对稳定的阶段，如图7-4所示。

图7-4　第一阶段的商品搜索人气趋势

第二阶段：在4月4日，抓住时机让搜索流量在4月8日冲到了10000以上，如图7-5所示，这些起爆点都不是偶然出现的，而是来源于准确把握市场节点的运营节奏。

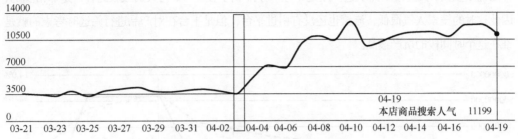

图 7-5 第二阶段的商品搜索人气趋势

1. 流量起步的节奏把控

流量起步阶段可以分为起步期、增长期和成熟期,各时期的流量分配权重如图 7-6 所示。产品在不同的市场阶段,平台分配给产品的流量是有所不同的。

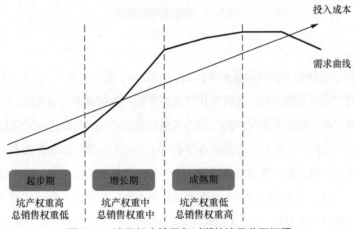

图 7-6 流量起步阶段各时期的流量分配权重

(1)起步期。

这时由于消费市场的需求较小,流量分配正处于初始阶段,那么谁的产品更受消费者喜欢,谁的产品在接下来的流量增长阶段就能够获得更多的流量。比如,在这个阶段有 A、B 两款产品,如果 A 款平均每展现 1000 次能够带来 1000 元的产值,而 B 款只能带来 500 元的产值,那么平台会将更多流量分配给 A 产品。因此,这个阶段我们要特别要注重点击率、转化率、收藏率、加购率等数据指标。

羽绒服市场趋势(单位:件)如图 7-7 所示,从图 7-7 中我们可以看到羽绒服在 11 月的市场需求量大，但其市场需求起步期是 6 月、7 月。由于在 6～8 月买羽绒服的客户是非常少的，因此这时的搜索人气很低，流量也还没有引进平台，但是平台在对产品进行筛选时考虑的就是谁在这个时间段的坑产最高。

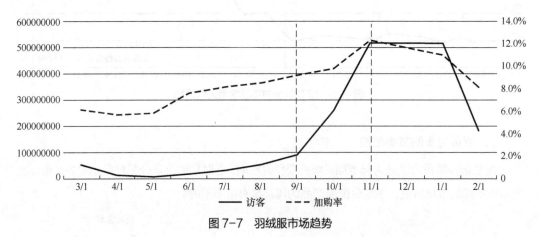

图 7-7 羽绒服市场趋势

（2）增长期。

在这个阶段，市场迎来需求最强劲的阶段，如图 7-7 所示的 9～11 月，平台会先给在起步期表现优秀的产品更多的流量，这时优化产品各方面的数据是非常关键的。在这个阶段，如果我们只控制转化率、加购率是没用的，因为其他商家的产品已经经过一轮流量的测试了，所以，这时我们需考虑两个方面：一方面是各项数据（点击率、转化率、加购率）表现够不够优秀，因为这个阶段的流量处于快速增长阶段，平台依然要根据贡献率来分配流量；另一方面是流量够不够大。比如，我们获得 1000 的流量与获得 10000 的流量，都能实现 2% 的转化率。如果我们获得 100000 的流量，还能保持稳定的转化率吗？这就需要经过更多的数据测试，才能得出正确的答案。

在这个流量分配阶段，如果产品各方面的数据稳不住，流量就会开始减少，这就是为什么有些产品的数据在测款时表现得挺好，在起步期也表现得挺好，但一到流量涌进阶段，就停滞不前，甚至开始退化了。

> **名师点拨**
>
> 因为这时已经进入测款阶段了，我们要考虑的就是销售权重和 UV 价值问题。这个时候进入市场的投入成本就比前一阶段要高了。

（3）成熟期。

在这个阶段，因为平台的流量分配基本上已经趋于稳定了，市场上好卖的产品基本都已得到了消费者的认可。而新入产品在没有流量可分配的前期需要达到市场坑位的总价值水平，比如这个位置的流量带来的总价值是 100 万元／月，那么你至少要先证明自己的产品的产出有这么多，也就是在这个时候你需要投入的成本会达到最大，所以这个时候的总销量权重最高，难度很大。

很多运营新手根本就不考虑市场的阶段性，在市场的成熟期直接进入。这个时候即使你的转化率再高，也很难获取流量。因为这个时候，平台已经没有流量可分了，可分配的流量已经分配出去了。

为什么我们一直强调要掌握市场的时机？因为在不同时机进入市场的成本是不一样的，作为小卖家要赢在起跑线上，这时的投入成本是最低的。在起步期，你不需要有很大的流量，只要稳住就可以了，这样成本是最低的。小卖家既然没有太多的资本去获取流量，就应该把握好每一个时机，以最低的成本获取更多的流量。

回到我们的案例中，我们首先明确要打造成爆款的产品是处于起步期、增长期还是成熟期。我们可以从生意参谋的"市场行情"中获取市场趋势的数据，根据前一年的数据，可以看到 2 月是市场起步期，3～5 月是增长期，如图 7-8 所示。如果想要早一步布局，我们在 1 月的时候就要开始进入市场，但是该产品是在 2 月底才上架的，基本上算是错过了起步期而直接进入了增长期。我们知道，市场增长期需要同时关注率和量，这个时候市场已经产生了第一梯队的竞争对手，我们需要参考竞争对手的率和量的数据。图 7-9 所示是我们通过竞争情报获取的竞争对手的数据。

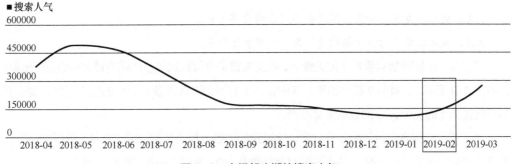

图 7-8 市场起步期的搜索人气

竞品四大流量结构比例			竞品率指标		竞品单价/元	129
竞品流量渠道	交易金额/元	交易比例	单品转化率	3.50%		
搜索和直通车	106679	30.70%	单品总UV价值	4.3		
手淘首页	5565	1.60%	单品总加购率	10.40%		
购物车	164194	47.30%	购物车转化率	16.90%		
我的淘宝	71022	20.40%				

图 7-9 通过竞争情报获取的竞争对手的数据

2. 坑产的计算

关于坑产的计算，大家会有一个误解，认为坑产是单品的坑产，比如打开淘宝搜索某个关键词，看到某产品的销量是 1000 个，认为 1000 就是所谓的坑产，这是不对的。在计算坑产时一定要基于单个关键词。而我们所看到的页面展示的销量是由不同的渠道、不同的关键词带来的，因此我们看到的 1000 个销量，并不是单个关键词的坑产，可能这 1000 个销量的实现，有 500 个是靠淘客，有 300 个是靠直通车，有 200 个是靠搜索，而 200 个搜索销量里面可能第一个关键词带来的销量只有 50 个，第二个关键词带来的销量可能是 30 个。所以，坑产的计算要落到单个关键词的计算上，这样才能得出某个坑位实际带来的价值。

下面我们来具体讲解关键词的坑产计算。

第一步：找到可参照的竞品，这个竞品一定是我们竞争对手的同类产品，否则数据就不具有参考价值。

首先，通过市场行情里面的属性分析来确定产品以哪个属性为主。

其次，选择的竞品的价格带要与我们产品的价格带相近。

最后，确定该竞品的流量结构是否是以搜索流量为主。

第二步：比较观察竞争对手的关键词，找到关键词里面获取流量的能力最强的数据。比如，关键词 A 在竞品 1、竞品 2 都有出现，其中竞品 1 利用关键词 A 获取流量的能力更强，那么我们就用竞品 1 的关键词 A 的数据来算坑产。

第三步：找到竞品后开始计算坑产。这里我们主要选择的关键词是"书包女韩版高中"，主竞品带来的访客数是 1397，这个词的交易指数是 397，如图 7-10、图 7-11 所示。

入店搜索词	引流关键词 成交关键词	淘宝 | 天猫 无线端 ∨
竞品1 关键词		访客数
书包女韩版高中		1,397
书包		920
双肩包		242
双肩包女		210
书包女大学生		168
背包		157
双肩包女夏		150
书包女夏		114
双肩背包女		111
书包女		104
背包女夏		71

图 7-10 竞品 1 关键词的访客数

入店搜索词	引流关键词 成交关键词	淘宝 | 天猫 无线端 ∨
竞品1 关键词		交易指数
书包		471
双肩包		404
书包女韩版高中		397
双肩包女		159
背包		147
书包女大学生		147
书包女夏		134
双肩背包女		134
双肩包女夏		134
双肩背包		107
初中生书包女		92
书包男中学生		92

图 7-11 竞品 1 关键词的交易指数

有了流量和销量数据,我们就可以计算出要抢占的该关键词的最大流量所需要达到的标准,最大流量为1397,转化交易件数为36,由此得出转化率为2.58%(36÷1397×100%),单价129元(这是产品本身的价格),那么日坑位产出为4644(36×129)元,UV为3.32(4644÷1397)元。

由于市场处于增长期,我们根据上面的数据编制了前期的关键词计划表,为了配合市场增长,设计了转化率从3%(比竞争对手略高)增长到3.50%的增长趋势,如表7-1所示。

表7-1 主坑产计算监控表

	搜索和直通车业绩占比	97.00%	85.95%	74.90%	63.85%	52.80%	41.75%	30.70%
	搜索和直通车业绩	645	1723	2801	3879	4957	6035	7102
书包女韩版高中	转化率	3%	3.08%	3.17%	3.25%	3.33%	3.42%	3.50%
	UV价值	3.91	3.57	3.89	4.09	4.25	4.39	4.51
	坑产总价值	129	925	1721	2517	3313	4109	4902
	所需流量	33	259	442	615	780	937	1086
	支付件数	1	8	14	20	26	32	38

从3月11日开始,运营人员利用计划表开始运作,经过一周的运作后,流量开始逐步进入第一阶段的稳定状态,处于3000~4000的范围中,如图7-12所示。到3月21日流量开始进入平稳期,这个时候可能很多运营人员会加大付费推广的力度来进一步获得流量,实际上这样的效果较差,我们应该进一步了解市场的变动情况,根据情况来决定是否加大付费推广力度。

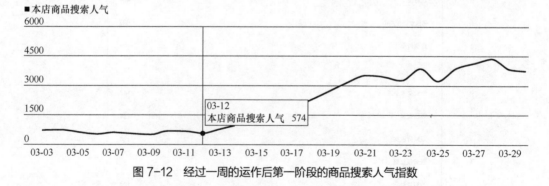

图7-12 经过一周的运作后第一阶段的商品搜索人气指数

由图7-13可知,3月下旬开始市场处于稳定阶段,所以这个时候我们只要保持自己产品的稳定性就可以了;而在进入4月后,市场出现一轮快速增长,在市场的上升阶段,运营人员一定要跟着市场的节点走,这样成功运营的概率才会更大。

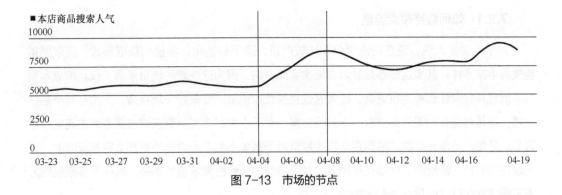

图 7-13 市场的节点

由图 7-14 可知，正是因为赶上了市场的新一轮增长期，产品的搜索人气再一次获得爆发性增长，这个阶段性的变动是有利于产品发展的，我们要控制好这个节奏。

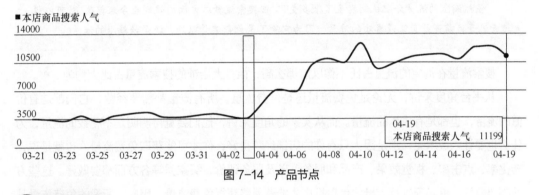

图 7-14 产品节点

> **名师点拨**
>
> 我们首先要了解推广的这个产品到底处在哪个阶段（起步期、增长期、成熟期），然后根据对应的权重来进行相应的操作。最后计算关键词的坑产，配合一周内的时间节点，结合市场的增长期进行冲刺，实现两轮的爆发性增长，从而让产品流量最大化。我们将这个思路运用到实践中，成功率就会大大提高。

7.2 从商业本质的角度思考搜索引擎变化

淘宝平台的搜索引擎的设置是为了增加买家购买商品的概率，毕竟有成交才会有利益，同时淘宝平台也希望买家在淘宝平台上能够精准地找到自己想要的商品。

7.2.1 如何看待搜索流量

对于小卖家来说，现在的流量分化比较严重，除了标签化，流量的获取形式、获取渠道也变得丰富多样，其实这些都是针对顶层卖家而言的，因为这些新的流量来源不仅获取成本更高，而且其复杂性和难度也更高。比如通过直播获取流量，要做好一场直播，无论是对产品、主播，还是对整体的策划都要有一系列的方案；对于小卖家来说，要获取直播方面的流量并不容易。又如，手淘首页的"猜你喜欢"等流量对于很多小卖家来说也不是那么容易获取的，因为现在很多首页流量除了标签化很明显，对于店铺的精致性要求也特别高，所以很多原创能力不足的店铺在这方面是不具有优势的。

> **名师点拨**
>
> 虽然淘宝的流量分配机制发生了很多变化，但搜索流量这方面的规则至今未曾改变。可以说，搜索流量目前还是卖家最喜欢的流量，因为它除了是免费流量以外，还是较精准的流量。

搜索流量在淘宝的流量占比不像以前那么高，很多大店铺的搜索流量占比大约为30%。

从平台角度来讲，无论是免费流量还是付费流量，所有流量都需要经营，它们都是有价值的流量，也都是有成本的流量。而从卖家的角度来讲，他们会觉得明明是不花钱的流量，为什么也要计入成本呢？那是因为只有你的店铺经营得好，你才可能获取免费流量。也就是说，转化率、点击率、视觉效果、产品和服务，以及服务评价、买家秀等各方面都要做好。这些方面都要做好，就必须进行大量的付费推广才能够最终获得免费流量。因此，所谓的免费流量其实也是有成本的。

由此可见，搜索流量表面上是免费的，但它实际上变成了平台控制卖家的一种工具，因为很多买家为了获取来自搜索引擎的这部分免费流量，会围绕提高搜索引擎的权重去做一些事情。比如阿里巴巴推动菜鸟入仓，对入驻菜鸟仓的天猫家电商家，平台会给予他们非常高的搜索权重，这样就变相将搜索流量给到这些商家。这就是平台通过免费流量引导卖家去做一些有利于平台的事情的例子。因此，我们一定要及时了解平台的意图，因为这些意图往往会与搜索引擎的权重挂钩。

另外，改版后的直通车多了一项免费的自然展现曝光量，这其实就是更加明确地告诉商家，开通了直通车，平台就会给免费的曝光流量，从而鼓励更多的商家开通直通车。所以，无论是淘宝还是天猫商城，所有的改进都是依托于搜索引擎的，平台会通过搜索引擎的权重引导商家的行为。总之，平台重视什么，商家就去改进什么，这样搜索权重就不会低。

7.2.2 从商业本质的角度解读搜索引擎

对于商业来说，其本质就是盈利。平台和商家都要从商业行为中获利才能够持续经营下去，即使是买家也要从中获得好处，比如获得适合自己的产品、性价比高的产品等。因此，我们从三方获利的角度来看待流量分配的问题，会更加清楚自己该做什么。

搜索引擎引导商家行为，掌控商家的变化方向，希望通过商家的变化来最终促进平台达成更多的交易、更多的营业额、更高的目标。而在这个过程中，商家只要做好以下几点就可以获得更多的利润。

（1）口碑宣传。口碑宣传是为了扩大平台的影响，让客户身边的人受到影响也来这个平台购物。

（2）提高黏着度。提高黏着度是为了让客户依附于这个平台，时不时地回到平台。因为逛得多了就会想买，哪怕客户一开始并没有购买的欲望。

（3）提高复购率。商家要让自己的产品促使客户买了一次，还想再买第二次、第三次……

不管是对于商家来说，还是对于各大平台来说，要想获得长久的发展，他们都必须真正地站在长期发展规划的角度来思考问题，而不是只顾眼前的利益。

7.2.3 卖方市场向买方市场的转变

早期的淘宝为了吸引更多商家加入，政策偏向卖方，因此属于卖方市场。2001—2010年期间，特别是在2007年，商家想得更多的不是依托于平台，而是提供什么服务。因此，对于平台来说，首要问题并不在于怎么获取流量，而在于能够提供什么样的产品（服务），以及这些产品（服务）有没有什么特别的地方。

在2012年以前做淘宝电商是非常简单的，尤其是在2008—2010年这段时间。因为那个时候淘宝的流量已经较大，但产品的丰富度还不够，优质产品也不多，淘宝商家往往不能掌控供应链，品牌方也很少进驻平台，平台上更多的是一些低价、劣质的产品。所以那个时候只要产品质量好，基本上就可以很快地获得较大的销量。

2014年以后，为了让更多消费者黏着于淘宝，政策逐步偏向于买方，这时的淘宝平台基本属于买方市场。

随着经济的发展，产品越来越多，但流量入口有限。搜索一些大的关键词，可能会出现几千万件产品，这时消费者真正会看的页面的数量一般不超过5页，很少有人会看到10页以后。

很大一部分产品是没办法展现出来的,所以淘宝开始整治重复铺货的现象,比如一个店铺中的同一个页面最多只能展示两个产品;同样的产品有一个成了大爆款,另外的同款产品就会被限制和打压等。

由此可见,产品多了,平台就要开始变换角色了,它不再偏向于商家,流量开始变为核心。淘宝已经意识到消费者随时可能被其他平台吸引,这个时候它更希望消费者黏着于淘宝。因此,它的政策开始变了,比如"七天无理由退货""三十天无理由退换货""极速退款"等能让消费者的体验变得更好,减少消费者投诉。在客服方面,一些店铺为了提高消费者的满意度,喊出"客户的任何问题都是我们的问题"的口号,这种准则式的口号也反映了让消费者满意的服务意识和态度。

同时,也正是因为目前平台转向买方市场,甚至可以说是过度偏向消费者,绝大部分消费者都聚集在淘宝平台上,而大量消费者的聚集,进一步吸引了众多商家进入这个平台且不敢轻易割舍。

7.2.4 平台如何获取更大利益

平台经营者要实现利益最大化,就要从下面几个角度进行思考。

1. 买家才是平台的核心资源

淘宝要获得最大的利益,重要的就是让更多的买家聚集到平台上。也就是说,平台更看重的是买家,普通卖家对他们来说并不是那么重要,他们只是希望通过卖家来促进消费,一般来说,买家聚集在哪里,卖家就会去哪里。

另外,平台非常重视品牌卖家,尤其是国际大牌。因为品牌卖家是自带流量的,平台想通过这些自带流量的卖家将更多的买家聚集到平台上,通过它们掌握买家的动向。因此,这些自带流量的卖家就会成为平台重点扶持的对象。

> **名师点拨**
>
> 由此可见,买家才是平台的核心资源,平台抓住了买家,也就控制了卖家。换句话说,平台靠卖家崛起,再通过各种机制控制卖家,而最终沉淀下来的流量、买家消费行为数据等都属于平台。其中,买家消费行为数据是最重要的,平台会通过这些数据挖掘到买家潜在的商业行为。支撑平台的核心就是数据,数据化运营是网络运营的核心内容。

2. 如何聚集买家

既然淘宝要通过卖家抓住买家,那就得让买家的体验更好。只有买家的体验好了,买家才会离不开平台，从而忠实于平台。要聚集买家，可以从下面两个方面来解决。

（1）卖家能做什么。

① 把合适的产品推荐给最需要它的人群，更容易促进购买。卖家给买家推荐合适的商品，可以让买家更容易、更快速地做出选择。

② 让买家享受更加优质的服务（客服、包装、售后维护、视觉效果、页面布局等）。买家在购买商品的同时，要能够得到更加优质的服务。

③ 口碑宣传，带动更多的消费者来购买产品。

（2）平台能做什么。

① 促使卖家开发上架更多优质的产品。平台想要让消费者回购，想要让他们快速地找到好的产品，就不能让消费者天天都看同样的东西，而是要让卖家开发、上架更多优质的产品。商家的具体操作如下。

• 保持一定的上新率。比如，早期的唯品会对上新率要求非常高，对卖得不好的产品都要求下架，这样可以保持一定的上新率。

• 推出更多精准的标签来描述产品。早期淘宝上的属性标签并不完善，只有少量的属性标签，现在属性标签越来越完善。因为卖家通过标签可以对产品进行精准的描述，这样能更合理、更有效地把产品推荐给合适的人群。

标签的完善越来越重要，因为消费者越来越明确地知道自己的需求。而平台也推出了越来越多的产品描述、越来越多的关键词，完善的标签可以更加精准地将产品推荐给需要的消费者。

• 规范产品评价指标。评价产品的指标主要包括产品描述分值、点击率、转换率、收藏率等。消费者可以通过这些指标来了解产品的评价、服务和质量等信息。

② 提供更好的服务。这里所说的服务包括发货速度、物流派送速度、客服响应速度、纠纷处理速度、退款处理速度（如平台推出极速退款、引入快递运费险等）。

提供更好的服务是非常重要的，特别是在当下产品同质化已经越来越明显的情况下，提供更好的服务才是我们立足于红海市场的关键。

③促进互动。单纯的买卖已经不足以满足现代消费者的需求,所以想要吸引更多消费者,平台就必须要把更多的元素(如旅游、吃、玩等)融入买卖当中。比如商场里有饭店、游乐场等设施,这其实就是商城通过多样化的形式,吸引更多的消费者进去购物、消费。

对于平台来说也是同样的道理,比如平台可以帮助卖家通过淘宝直播,与消费者进行互动,以吸引消费者的注意,增加其访问平台的次数和时间。

7.3 搜索引擎的排名和权重解析

要提升搜索引擎的权重,就必须要了解搜索引擎的排名机制,那么搜索引擎是靠什么来给店铺排名和分配权重的呢?

7.3.1 搜索引擎排名解析新思路

有排名就会有顺序,有顺序就有入围。就像考试一样,10000人考试,但是最终入围的可能只有2000人,这2000人又会按分值进行排名。所以排名包括入围和分值(即权重)两部分,它们构成了搜索引擎的排位规则。

1. 搜索引擎圈选基础条件

一般来说,搜索引擎会进行一个多样性的圈选,商家要争取让自己入围(达标)。

(1)什么样的产品才具备市场竞争力。

产品要满足以下条件,才具备市场竞争力。

① 产品不违规。不销售违规的产品,这个是首要条件。

② 产品要在同一市场下(搜索关键词)。理解不同市场和同一市场时,要清楚做搜索规划是要分关键词的,不能只看7天的数据。数据是一个很笼统的东西,对于任何数据都要进行精细化的分析,只有这样我们才能知道在市场竞争激烈和市场竞争缓和时的运营方向。

> **名师点拨**
>
> 就搜索关键词的选择而言,标品化的产品比非标品化的产品更加简单。因为标品化的产品的关键词少,无论选择什么关键词,参与市场竞争的产品几乎都是同一批。

③ 产品的属性类目要符合这个市场,也就是要弄清这个市场主要针对什么类目的产品。

④ 满足平台要求，比如，必须勾选"七天无理由退换货"。系统自动勾选默认的一般就是淘宝要求的硬性指标。

⑤ 橱窗推荐。线下实体店总是把好的产品放在橱窗位置进行展示。而对于电商来说，商家就是要告诉搜索引擎橱窗推荐的产品是我们的好产品，要优先选择。

（2）类目和属性。

商家主要检查产品的类目、属性是否正确。另外，选择的属性尽量不要太细，如果属性太细，市场就会很小，想要打造爆款就会很困难。

2. 淘宝搜索差异化导致了人群分层

（1）价格对流量分配的影响。

导致人群分层的主要因素是价格和浏览轨迹，其中浏览轨迹很难被干预，而价格可以由我们来制定。也就是说，划分人群的依据主要有两个：一个是价格，它代表的是消费者的消费能力；另一个是浏览轨迹，它代表的是消费者的消费需求。

当消费者通过关键词搜索产品后，平台在展现产品时，不会展现单一价格层次的产品。因为当平台明确消费者需要的产品之后，平台不会过多地展现其他内容，而会集中展现消费者需要的类似的产品，而且会引导消费者去浏览更高价格的产品。

浏览轨迹实际上就是潜在需求。就像我们看到一个标题或一个页面弹出来后，我们会去点击它，但是在它弹出来之前，我们的脑海里面是没有这种东西的，这个就是潜在需求。这些潜在需求一旦形成规模，就会被提取出来形成市场需求。所以，现实生活中总是有很多新的产品被生产出来，并且卖得很火爆，这靠的就是商家对数据（潜在需求）的挖掘。

浏览轨迹是比较难干预的，我们能够做的就是选择价格，因为商家可以自主定价。

我们通过对手淘搜索流量渠道访客数和价格数据的收集与处理，形成了图7-15所示的表格。

价格区间	手淘首页	手淘搜索	淘宝客	淘内免费其他	直通车	智钻	商家数
100~150	54956	1599159	43198	546107	33730	1188	20
150~200	68062	1063456	15666	240575	27642	1782	18
200~300	63729	1224506	51169	325895	38976	2970	12
300~400	52433	850918	35957	541296	15742	3782	15
分配量	手淘首页	手淘搜索	淘宝客	淘内免费其他	直通车	智钻	
100~150	2748	79458	2160	27305	1687	59	
150~200	3781	59081	870	13365	1536	99	
200~300	5311	102042	4264	27158	3248	248	
300~400	3496	56728	2397	36086	1049	252	

图7-15　对手淘搜索流量渠道访客数和价格数据的收集与处理

从图7-16中我们可以看出，200～300元这个价格区间的手淘搜索的流量分配量是102042，比100～150元的分配量要高出20000多。所以并不是低价产品的搜索流量就一定更大，在这个类目市场中，中高价位的产品获得的搜索流量反而更多，这就是流量标签化的结果。

（2）人群与产品的行为关系。

人群与产品的行为关系就是指用户与产品因某些行为而形成的关系，比如用户通过点击、收藏、加购、转化、回购等行为，可以与产品形成强、中等、弱3种关系。强关系说明这类人群对产品的兴趣很大，这时手淘首页流量的精准性就会慢慢变强，商家就可以获得更多的流量。

3. 为什么数据表现很好流量却不增长

有些时候，明明数据表现很好，但流量还是没有增长，这是为什么呢？这时我们需要从以下3个方面来找原因。

（1）店铺人群结构是否发生变化。

（2）引流关键词、转化关键词主要针对哪些人群。

（3）引发市场大盘增长的是哪些人群。

另外，我们要长期观察这些数据的变化，并进行收集、记录和分析，以找出流量不增长的原因。

7.3.2 排名的权重指标

权重指标通常分为单品价值指标和全店价值指标两类。

1. 单品价值指标

单品价值指标包括直接价值指标、间接价值指标、单品DSR。

（1）直接价值指标是指能够直接产出价值的指标，包括点击率、核心转化率、客单价和退款率。

新品期的点击率十分重要。一般来说，低客单价要比高客单价拥有更高的点击率和转化率，因此，低客单价产品要做好其他产品的关联销售，通过有价格优势的产品给店铺引入流量，并把这些流量引导到其他有利润的产品。另外，高退款率通常会降低价值。

（2）间接价值指标包括收藏率、加购率。

（3）单品DSR。单品DSR就是产品评价，单品DSR要优于同行。

2. 全店价值指标

全店价值指标分为直接价值指标和间接价值指标两类。

（1）直接价值指标。

常见的直接价值指标包括好评率、DSR动态评分、全店动销率、连带率（购买多件的比率）、客单价。

其实，大卖家更加注重全店动销率，主要是因为动销率可以反映流量对全店商品的布局分配和转化。大卖家不仅要考虑流量等级的问题，而且要考虑具体动销产品数量的问题。

一般来说，越直接的指标说明它与价值的关系越紧密，它的权重也就越高。因此，卖家一定要主抓直接指标，从买家、卖家和平台之间的关系的角度去思考到底哪些指标会直接影响价值的产生，比如坑位产值就是直接产生价值的指标。

（2）间接价值指标。

间接价值指标的权重会低一些，常见的间接价值指标包括与运费险、七天无理由退换货、访问深度、先试后买计划、急速退款等服务相关的指标。

与服务相关的指标是最能体现全店价值的指标。比如回购率这项指标，消费者愿意回购，说明你的产品好、服务好、店铺好，所以回购率也是一个重要的全店价值指标。

分析单品价值和全店价值指标的目的就是让单品的流量产出利益最大化。

7.3.3 搜索权重更新速度加快的影响

搜索权重的更新速度加快说明排名时间越来越短，即一个产品展示在一个位置上的时间越来越短。

搜索权重的更新加快了排名的迭代，排名的迭代实际上采用了流量打散机制。由于没有下架的产品越来越多，平台就需要通过更快的权重更新时间去分散这些产品的流量，但优秀的产品依然占据着大的流量入口。一般情况下，产品结构都呈金字塔或橄榄形，这说明处于顶层位置的产品少，处于中间位置的产品多。处于中间位置的产品数量庞大、数据相似，但平台的展示位置只有10个，如果一个产品展示久了，那么其他产品就没办法展示，因此平台会分散中间位置的产品的流量，加快更新速度，这样其他的产品才能够得到展示机会。这也就是流量打散机制出来之后，很多腰部商家的流量突然减少的原因。

7.4 七天螺旋为什么会失效

七天销量螺旋为什么会失效？其实，销量的螺旋本身是没有问题的，问题在于很多时候我们只看销量而没有看销量背后的数据信息，所以，我们在控制时就很容易出错。

7.4.1 销量权重不重要了吗

目前，淘宝平台一直在弱化销量权重，但销量依然是一个不可以替代的指标。所以，排名在前面的依然是那些销量比较高的产品，而不是销量低的产品。

无论一个产品的内在数据表现有多么好，如果没有量级的体现，它通常是很难赢得市场竞争的，所以销量权重其实依然很重要。在看数据时，我们不能只看销量，因为销量的量级为一个绝对值，我们还要关注量级的增长问题。

由于受到标签化的影响，我们要分析每一个销量背后的人群、场景需求等。比如，你有1000个销量，但它的人群、场景都很分散，虽然看起来有1000个销量，但是最终的搜索流量依然不大。这是因为销量没有与对应的标签挂钩，从而导致搜索引擎无法推荐引入你所需要的人群，你也就无法获取更多的流量。因此，销量权重依然很重要，只是它对背后产生销量的维度要求更高了，如产生销量的渠道、转化水平、人群特征等。

值得注意的是，销量还涉及量级的问题，量级就是数量级别。一般来说，数据的量级越大，最终的结果会越精准。比如，要评估某个产品是否真的与某一人群具备高相关性，就要用一定量级的数据来测试。因此，销量实际上包括两个方面的内容，第一个是销量对应的人群是否正确，第二个是销量的量级是否足够大。

早期做淘宝电商时可以使用"流量积压"来获取流量，那个时候还没有特别地要求转化率、点击率等指标，所以销量权重就很重要。即使转化率很低，但只要流量足够大，销量依然会很高。因为淘宝在早期对销量的要求很高，对其他指标却没有特别地重视，所以早期这种利用流量来提高销量的做法，使那个阶段的商家成功的概率非常高。

虽然平台系统在不断地变化，但坑产能力始终保持不变。我们只需要提升产值和销量就好了。如何控制坑产呢？在早期流量多的时候，转化率低一些也没关系，因为基础销量已经够大了。但是当流量少了之后，我们就应该提高点击率。因为那时还没有过多的千人千面的问题，所以我们可以提高点击率，进而获得一些展现量。我们控制好点击率，也能提高坑产。千人千面问题日益凸显后，转化率的控制就变得更加重要，因为流量进来之后，我们要通过提高转化率来促进产品销售。

转化率不可能做得很高，因为如果我们把所有的数据给虚假做高，整个平台系统的数据也会越来越高。平台系统在评估好与坏时，我们的数据也要跟着持续地涨高，所以运营难度就会越做越大。

7.4.2 为什么七天螺旋有时有效有时无效

我们平时在规划螺旋的时候，首先要明白螺旋的含义。螺旋代表的是一种趋势，是对未来的一种预判，这种预判的趋势可能会呈上升状态，也有可能会呈下降状态。

我们在进行数据预测时，不管用什么模型，都要先评估市场的真正走势。也就是说，也许这个产品现在的市场份额是在增长的，但是如果它的市场大盘呈下降趋势，那这个产品的市场份额不一定能够继续扩大。

> 虽然某个产品呈现增长趋势，但是整个市场的趋势是下滑的，这时平台就会考虑给这个产品一个展位之后它能否带来较大的持续性价值，如果不能，平台就不会给它展位。

我们来看一组数据，如表 7-2 所示，A、B 产品销量增长情况都是一样的，按道理，其排位者都应靠前。但是，如果淘宝平台同样给予 100000 个曝光量，按照产品产出平台获利公式：曝光量 × 点击率 × 转化率 × 客单价 ×5%（扣点），A 产品平台获利 =100000×1%×3%×150×5% = 225（元），B 产品平台获利 =100000×1%×4%×50×5% =100（元）。也就是说，平台给予不同产品同样的曝光量，获得的回报却不同，给 A 产品可获利 225 元，而给 B 产品仅可获利 100 元。

表 7-2　A、B 两个产品 7 天的销量、平均转化率、平均点击率和客单价对比

项目	A 产品	B 产品
7 天销量	1、3、5、8、12、18、30	1、3、5、8、12、18、30
7 天平均转化率	3%	4%
7 天平均点击率	1%	1%
客单价	150 元	50 元

A、B两个产品的7天销量是相同的,但它们背后的人群是不一样的,这也使得它们的价值不同。所以,运营人员一定要清楚自己产品的人群定位。

至于坑产,在同一个位置上,曝光量是固定(相同)的。淘宝对很多指标的要求,实际上是在权衡其短期和长期的贡献值,短期的贡献值就是坑产,长期的贡献值考察就要参考产品在贡献坑产之后在未来的回购及未来"粉丝"的增长等方面的提升能不能让淘宝持续获利。

由于目前做电商投入的成本并不低,很多时候商家为了完成基础销量甚至会出现战略性亏损,目的就是让客户在不了解自己的产品时能够有机会或者愿意去尝试产品,客户在体验之后可能会愿意回购甚至愿意介绍给身边的人。所以我们在选择品类的时候,要选择回购率高的品类,尤其是对于小商家而言。事实上,不管是大商家还是小商家,他们都不太在乎能从客户的第一次消费中赚多少钱,而更在乎能否在客户未来的2~3次回购中持续性地赢利,这才是商业运营的核心。赚钱和做事业是不一样的,我们的目的是把企业当成事业去长期经营,赚未来的钱,而不是仅仅抓住眼前的利益。

坑产不是绝对的,它涉及长期和短期的利益问题。

7.5 淘宝标签化流量解析

早期的电商是人找货,依靠的是消费者的主动性(商家的被动性),所以搜索关键词成为流量的主要来源。而现在,为了进一步满足消费者的购物需求,商家要更加明确地知道什么样的消费者需要什么产品,也就是所谓的货找人,这就需要利用平台的推荐机制来实现商家的主动性。实现了标签化,商家就可以为货品和人群都贴上相应的标签,然后进行匹配。标签化实际上是根据买卖关系将产品和人群一一对应。

7.5.1 标签化的作用

一个小的店铺也许并不是一开始就明确自己适合什么样的标签,需要积累一定的买卖关系才能确定。比如我们开发10个产品,将这10个产品卖给10类人,与将这10个产品卖给一类人是完全不同的。前者像杂货店,平台搞不清你的目标人群是哪些;而后者具备专一性,平台就知道该给你推荐什么样的人群,这就是标签化的作用。

一个具备明确标签的店铺,其对应的人群会形成一种共识,这种共识会体现为店铺的"粉丝"量。有的店铺虽然卖了很多产品,但是"粉丝"量不多,DSR也不高,就是因为它的标签不够明显;有的店铺虽然卖的产品不多,但是它的"粉丝"量很大,就是因为它具有明显的标签化特性。

7.5.2 标签化的形成过程

电商发展到今天,标签才被放到大众面前,是因为这些看不到、摸不着的东西通过数据的转化才真正形成。

1. 认识标签关系

电商发展迅速的根本原因在于潜在信息被快速挖掘出来,而这些潜在信息来自用户的浏览行为,也正是因为有了浏览行为,才有了淘宝的"猜你喜欢"。淘宝根据用户的浏览行为,为其推荐想要的产品。而对于商家来说,这些所谓的浏览行为反映的就是他们需要确定的目标人群需要的东西,商家由此去打造相应的产品,形成彼此之间的信息对等。

在浏览的过程中,用户与产品之间会形成强关系、中等关系和弱关系3种标签关系。标签关系的强弱实际上就是用户与店铺产品之间所产生的需求关系的强弱。

- 强关系人群:产生搜索点击浏览、收藏、加购、转化、回购等行为的人群和与产品转化人群肖像匹配度高的人群。
- 中等关系人群:产生搜索点击浏览、收藏、加购、转化、回购等行为的人群。
- 弱关系人群:与产品转化人群肖像最符合的人群。

2. 通过标签化获取流量

确定产品和人群之间的标签关系后,平台就会在相应的位置展示产品,这就是通过标签化获取流量的基本原理。因此,我们要搞清楚与产品的关联标签对应的人群是哪些,以及这些关联人群的规模有多大。如果与关联标签对应的有100个人,那我们就要把这个产品推送给这100个人。

通过标签化规模获取的流量会受到平台圈定人群规模的限制,如果平台给你定义的人群标签是人数很少的,那么它分配给你的流量就会很少,产品自然就很难推广。因此,在刚开始打造店铺人群标签的时候,不要过于详细和具体,从单一维度的标签开始逐步进行测试和组合,这样虽然转化效果会差一些,但是能圈定更多新用户,之后再进行跟进,以提高转化率和扩大标签的人群范围。

3. 获取打标展示的基本过程

了解了标签化的作用以及通过标签化获取流量的相关内容后，我们应该如何获取打标展示呢？

获取打标展示的基本过程如下。

第一步：确定好你的产品最适合什么人群。这一点对于新品尤为重要，一旦产品对应的人群标签是错误的，就很容易导致流量不精准，最终失败。因此，有老客户的店铺应该尽量找老客户。

第二步：找几个核心关键词（关键词背后的主要人群应该与目标人群相吻合），如果搜索不到可以直接开通直通车（做好人群定位）。

第三步：浏览销量高、人气高的竞争产品和自己的产品。比如，用户要在"猜你喜欢"中找到电热盒这个产品，那就可以先通过搜索找到苏泊尔电热盒，如图7-16所示。用户点击、浏览，这样就可以和这个产品产生行为关系，产品才有可能获得"猜你喜欢"的展示。

图7-16 在"猜你喜欢"中搜索自己的产品

第四步：邀请老客户帮忙进行打标的操作。鼓励老客户通过"猜你喜欢"首页将自己店铺的产品加入购物车，或者直接在"猜你喜欢"首页下单购买自己店铺的产品，强化用户与产品之间的行为关系（主要是为了让标签人群与产品形成强关系），这样店铺的产品就很容易出现在"猜你喜欢"的展示位置上，如图 7-17 所示。

图 7-17　让产品出现在"猜你喜欢"的展示位置上

如果不能在"猜你喜欢"中找到自己要打标的产品，就返回搜索页面继续浏览并且提前进行加购，以强化关系，之后再来"猜你喜欢"页面看是否获得平台推荐。

如果你的标签人群定位准确，产品和详情页面内容都是优质的，那么这时来自"猜你喜欢"的流量就会快速增长。另外，店铺引入的人群的精准度也会提高，未支付的人群会逐步向支付人群转化。"访客对比"页面数据如图 7-18 所示。

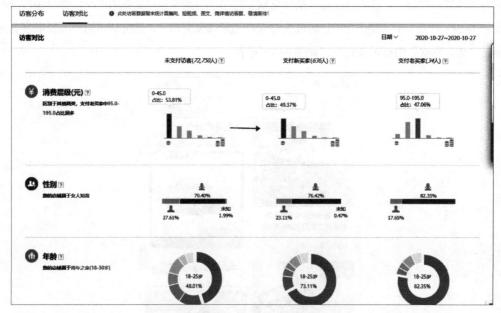

图 7-18 "访客对比"页面

7.6 手淘首页流量的获取

随着手机购物越来越方便和快捷，手机淘宝成为店铺流量的主要来源，手淘首页也因此成了卖家们必争之地，其中"猜你喜欢"是重中之重。

7.6.1 手淘首页的流量入口

手淘首页是一个广泛的叫法，它的流量入口是非常多的，包括以下几种。
- 猜你喜欢。
- 生活研究所。
- 有好货。
- 必买清单。
- 淘宝头条。

- 每日好店。
- 淘宝直播。

在整个手淘首页中,"猜你喜欢"板块对于我们来说是最重要的,因为这个板块的展示位相对来说是比较多的;而且随着淘宝页面的升级,它占据的版面也越来越靠前,它是直接呈现在首页上的,而不像"有好货""每日好店"等只占据一小部分版面,且点击后还要再进行二级跳转;而在"必买清单""有好货"中,商家可以通过报名来获得展示产品的机会;"淘宝头条"等则更像是一个广告位。

因此,"猜你喜欢"成为绝大部分商家追求的板块。本节也是围绕获取"猜你喜欢"的流量进行分析的。

7.6.2 手淘流量的呈现

在研究手淘流量的时候,我们可以把流量的呈现方式分为主动和非主动两种。

1. 主动:通过"达人"推送的形式获取流量

我们可以把手淘首页当成内容的推送页,让"达人"在此推送内容(产品),使它们展示在用户能够触及的位置。

2. 非主动:靠打标的形式获取流量

非主动的呈现方式是靠标签化来获取流量的(即靠打标的形式来获取流量)。非主动方式实际上是平台根据淘宝内部规则对产品进行筛选和呈现。

打标后的产品有一个对应的标签数据库,"猜你喜欢"的流量数据可以从对应的标签数据库中获取。所有能够呈现在手淘首页的产品,基本都是靠打标的形式来获取自然流量的。

7.6.3 产品是否出现在"达人"快选池

要想让自己的产品被"达人"推荐,首先要让自己的产品进入"达人"快选池里(图7-19所示为快选主页),但并不是所有的产品都一定能够进入"达人"快选池中。我们要保证产品的质量档次,淘宝会根据质量档次对产品进行初步筛选和把控,而后会将符合质量要求的产品汇入快选池中供"达人"选择,"达人"或淘宝客将通过这个优选平台来进行推荐。

图 7-19　快选主页

一般来说,"达人"优选 4 档、5 档的产品。如果质量档次不够高,商家可以通过智钻将自己定位为全球购店铺,全球购的人群标签默认质量为 4 档。

1. 产品进入"达人"快选池的要点

在判断产品是否能够入围的时候,商家需要考虑以下几点。

(1) 产品的评价要好。

商家要保证产品的动态分值和评分足够高。

(2) 产品的属性填写要完整。

"猜你喜欢"展现的产品往往并不会与消费者曾经看过的产品一模一样,而是与之相关的。消费者通过搜索看到的一般都是爆款产品,而通过"猜你喜欢"看到的更多是与这些爆款相关的产品。所以,产品的属性填写一定要完整,这样产品才能有更多机会出现在"猜你喜欢"的快选池中。

(3) 产品不能是超低价。

网络平台看起来要比线下透明很多,但是随着标签的分化,我们仍然看不到所有的产品,而且消费者通常也没有太多的精力和耐心在全网挑选产品,常常会在平台推送的产品中进行选择。基于这种情况,"猜你喜欢"这些栏目通常不会向消费者推荐低价产品,而会更多地呈现一些比较独特的产品,并且产品价格通常都不会太低。所以,要想获得手淘首页"猜你喜欢"的展示位置,在选择产品的时候就不要选择超低价的产品。

(4) 消费者认可产品。

① 无论产品如何,只要消费者认可,尤其是中高端的消费者认可,那就要证明这个产品

是优质型产品。所以，产品标签的确定除了要考虑产品描述以外，还要看这个产品到底适合谁，也就是要挑选消费者标签，从而实现产品与消费者群体的连接。比如那些买进口产品的人，他们的消费能力是比较强的，对品质的要求也非常高。如果这些人买我们的产品，就可以更快、更好地提升产品的质量档次，也可以让我们的产品快速进入快选池中。

② 请"达人"推广。自己推荐自己的产品，很多时候不一定能够使其出现在快选池中，如果花钱请"达人"帮忙推荐，则会有一定的概率进入快选池。另外，如果很多人愿意推荐这个产品，那也从另外一个角度说明这个产品是值得推荐的。

> 除了淘宝"达人"推荐外，真正能获得更多流量的是淘宝本身的推荐。但淘宝往往不会推荐那些超级"爆款"，手淘首页更多呈现的是一些相对较新的产品。

（5）店铺的评分高、标签明确。

其实，手淘首页是比较乐意推荐新品的，但是推荐新品的前提是店铺评分高、店铺标签明确。一般来说，评分高、标签明确的店铺的新品是比较容易出现在手淘首页的。

虽然"猜你喜欢"一般不会展示那些零销量的产品，但是销量只有几个或几十个的产品是比较多的，手淘首页也比较喜欢展示这样的新品。由于这些产品的曝光机会相对较少，因此，我们要长期在评价这方面下功夫，并通过一些调整和操作，让我们的产品进入快选池。

2. 手淘搜索与手淘首页的不同侧重点

在手淘搜索中，排名靠前的基本都是卖得比较好的产品，但手淘首页的"猜你喜欢"则是根据消费者的浏览轨迹向消费者推荐的有潜力的、具备爆发性的新产品，它在一定程度上弥补了手淘搜索在排名呈现上的缺陷。

通过手淘首页和手淘搜索购买产品实际上是两种购物行为。通过手淘搜索购买产品，通常是具有非常明确的需求的消费者，这时如果"猜你喜欢"为其推荐新产品，消费者不一定会购买，因为他们本身已经有了很明确的需求，会通过搜索关键词来选择自己需要的产品。所以手淘搜索为了保障平台的销售业绩，对坑产的要求特别高。因此，商家要把控好流量、转化率等指标。

但是手淘首页就不一样了，浏览手淘首页的消费者的购买目的并没有那么强烈，所以他们浏览手淘首页更像随意看看。如果这时给消费者呈现的是一些大同小异的产品，就很难吸引消费者继续逛下去，更不能促使他们购买。

手淘首页的任务就是要把那些有潜力的新产品或者有独特性的产品展示出来，吸引消费者的注意力。在流量增长阶段，商家主要考虑两个因素：点击率、手淘首页的收藏加购率。

因此，商家想要获得手淘首页的展示位置，首先必须为产品配备一张能获得高点击率的图片，其次就是做好收藏加购的引导，这样我们入围之后手淘首页的流量爆发性就会变得很强，而后续的维持更多是通过收藏加购之后的转化能力锁定流量。争取手淘首页展示位的目的不是提高流量转化率，因为它带来的流量是非常分散的，而是促使消费者收藏加购，也就是使消费者在浏览图片之后对产品产生兴趣，这就会进一步快速提升手淘首页的流量，而淘宝平台也会大力给这样的产品分配手淘首页的流量。能够在手淘首页实现优质的收藏加购，并且促使消费者购买产品是很难得的，因为这里针对的消费者并没有明确的购物需求。

7.6.4　内容运营市场报名须知

除了"达人"的推荐，商家还可以报名参与内容运营市场活动，比如"有好货""猜你喜欢""每日好店""生活研究所"等。图7-20所示为内容运营市场主页。

图7-20　内容运营市场主页

这些活动都属于主动推送的活动，要报名参加这些活动，必须达到以下要求。

（1）DSR分值在4.7分以上。4.7分只是基本要求，目的是保证消费者对店铺的评价足够好。

（2）清单需要在7天内审核。

（3）7天内负面评价少于3条，0负面评价优先。这个负面评价指的是不好的形容词。这里的评价是通过关键词文本抓取的，如果正面内容用负面文字来表达，系统就可能会抓取到不好的内容。

（4）主图：第一张或者第二张为白底图，男女装类目允许第六张长图有背景，但是不能有Logo、文字等。

（5）非爆款（销量超过2000算爆款）。这与"达人"推荐不太一样，系统审核以及手淘首页的推荐都尽量不选择爆款,所以会出现产品成为爆款后,手淘首页的流量反而下降的现象。

(6)库存量不能太大,也不能太小。如果库存量大,说明这个产品在消费者的购物清单里不算是一个特别的产品;如果库存量太小,系统给你分配流量时,你很可能没有足够多的产品去卖。建议将库存量设为100～500(稀缺产品优先)。

(7)详情页中有美观的产品图、海报图,方便系统抓取。想要做好内容营销,获得更多流量,视觉效果很重要。如果没有能够吸引眼球的图片和短视频等内容支撑,消费者更不会选择这个产品。然而商家并不愿意去做这些内容,因为投入的成本不低,效果却不一定好。

(8)品牌故事(这个可以找威客撰写)要方便"达人"、小二使用。

(9)收藏加购指标要好。只有优化这些指标,产品才有机会在手淘首页获得更多流量。

相对于手淘搜索来说,要在手淘首页获得流量会更加烦琐,因为在手淘首页获得流量不是单单控制一些数据指标就可以了,还要经受综合考验,所以手淘首页的流量比搜索流量要大很多。但是到目前为止,绝大多数店铺的流量还是集中于手淘搜索。但要注意的是,手淘首页的流量一旦爆发,规模就会非常大。

7.7 单品搜索起爆规划分析

本节将给大家展示一个完整的单品搜索起爆规划,帮助大家运用数据思维及数据处理方法来制作具有市场竞争力的搜索起爆规划表。

7.7.1 数据分析思维在打造爆款中的运用

这里我们使用数据分析思维中的对比思维来打造爆款。为了了解真实的市场动态及竞争对手的情况,我们需要做一个规划表来对打造爆款的过程进行分析。在这个分析过程中,我们需要用到对比的思维方法,在对比时,必须强调数据的可比性,即首先要准确地选择竞争店铺和竞争产品。对比数据一定是同类目、同级别、同时段,以及同规模的商家的数据,这些数据通常包括产品的价格、人群、流量结构、点击率、收藏率、转化率、加购率、产品规格、产品尺寸、销量等。

7.7.2 搜索排位权重影响对竞品的选择

我们在选择竞品数据时,要选择有可比性的产品,比如从价格、人群、产品类型等方面进行选择。但是我们在分析影响获取搜索流量的因素时,还要考虑到搜索排位权重,而搜索排位权重不仅受产品权重的影响,还与店铺权重和品牌权重有关。

> **提示**
>
> 搜索排位权重由店铺权重、产品权重和品牌权重3个方面组成。

如果我们关注大品牌店铺的数据，就会发现同样是新品，这些大品牌店铺的新品搜索流量往往都比一般水平更高。另外，在研究爆款打造时，我们会发现明明我们的UV价值、转化率等数据都比对方要高一些，但是我们的产品依然没有对方那么快成为爆款，这就是受到了店铺权重和品牌权重的影响。小卖家在参考市场数据时，尤其是在设定UV价值、转化率等相应的数据时，不要找那种已经有多个爆款产品的店铺，或者是那些品牌影响力很大的店铺的数据来做比较，否则你会发现你的UV价值明明高于对比对象，但是你依然得不到市场的认可。所以，理想的情况是找那些不依赖于品牌权重和店铺权重的产品，分析它在市场上爆发时的数据，这样的数据对我们而言更有价值。图7-21所示为寻找竞争对手的参照表。

	自身店铺	对手1	对手2	对手3	对手4	备注
品牌维度	淘品牌	淘品牌				必要条件
店铺等级	TOP50	TOP100				可以放宽
主营类目占比	80%以上	60%~80%				尽量不要低于60%
核心价格段	100~120	80~100				价格错位幅度不要超过20%
产品核心属性	布质/涤纶/印花	布质				必要条件
流量结构	搜索占比35%	搜索占比40%				必要条件
参考产品所处阶段	产品处于上架第一周/市场处于增长阶段	产品处于上架第一周/市场处于增长阶段				数据参考重要条件
结论		数据可参考对象				

图7-21　寻找竞争对手的参照表

7.7.3　收集竞争对手的数据及注意事项

在将新品打造成爆款的过程中，需要收集竞争对手的数据作为参照，因此在做数据收集过程中要明确收集哪些方面的数据以及哪些注意事项。

1. 收集竞品流量增长阶段的数据

竞品流量增长阶段的数据是新品推广需要关注的数据。需要收集的竞品流量增长阶段的数据包括UV价值、加购率、转化率等，如图7-22所示。我们收集的这些数据，就可以作为分析产品是不是具备优质表现的参考。

第 7 章 用数据解析平台流量

			市场手淘搜索量		第一档: 5000~8000, 第二档: 3000~5000, 第三档: 1000~3000, 占全店30%~50%										
			直通车		稳定期正常占比15%~20%, 按20%比例, 第二档搜索, 即直通车引入流量为2000~3000										
产品单价	30		直通车占比	20%											
支付转化率	2%		搜索占比	40%											
UV价值	5														
加购率	8%														
前件转化率	16.67%														
人均需购买件数	8.33														
客单价	250.00														
							14天搜索增长计划(第二档流量目标)								
		主流量结构	1	2	3	4	5	6	7	8	9	10	11	12	13	14
		搜索流量			300	400	600	800	1000	1500	2000	3000	3500	4000	4500	5000
		直通车	100	100	200	200	200		500	750	1000	1500	1750	2000	2250	2500
	流量	淘内免费其他	累积销量(钻展目前市场做得少,可以根据流量引入费用和标签定向适当投放),另外有少部分市场竞争手淘首页的流量非常大,可能也跟标签有关,所以可以会尝试标签定向和店铺定向						1000	1500	2000	3000	3500	4000	4500	5000
		手淘首页														
		淘宝客														
		搜索流量	件数转化率8%~16%增长, 支付转化率2%~4%						件数转化率16%~8%回调, 支付转化率4%~7%							
		直通车														
	转化	淘内免费其他														
		手淘首页														
		淘宝客														
		搜索流量							20	30	40	60	70	80	90	100
		直通车							10	15	20	30	35	40	45	50

图 7-22 需要收集的竞品流量增长阶段的数据

另外,我们日常用来记录竞争对手的数据的图表也是需要收集的,如图 7-23 所示。

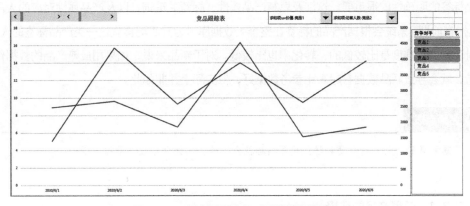

图 7-23 用来记录竞争对手的数据的图表

在流量增长过程中,当我们的指标符合市场优质产品的指标时,如果访客数并没有增长,但是转化率、加购率、增长率等都达到了市场优质产品的水平,那么问题可能就出现在点击率上,因此我们可以通过更换主图来提高点击率,从而提高店铺的流量。

2. 收集数据时的注意事项

很多时候,由于进入市场比较晚,一些产品都已经进入成熟期,很多运营人员在参考数据时直接以现有的爆款数据作为参考。在新品阶段直接参考成熟期产品的数据是很容易出问题的，比如现在有一个流量达两三万的爆款，它的转化率只有1%，而我们在测试新品时，新品的转化率是2%或3%。为什么新品的转化率比那些流量很大的爆款高得多，但新品的流量就是不够大呢？

（1）对比结果不准确。

正常情况下，流量越大的产品，它的转化率等指标会下滑，因为流量一旦增大，流量的精准度就会降低，转化率自然就会下滑。由于爆款是经过了大量的市场数据检验的，具有很强的稳定性，这些流量也不会被轻易抢走，因此，如果直接将新品数据与爆款在稳定阶段的数据进行对比，这样的对比结果是不准确的。

（2）店铺引入的流量分为精准性流量和市场匹配广泛性流量。

① 精准性流量针对已经有一定消费者基础的店铺，这种流量针对的店铺的标签比较明确，更多针对小而美的店铺。因为这样的店铺前期确定的标签决定了其后续导入的流量是精准性流量，所以产品的转化率会比较高。

② 市场匹配广泛性流量。没有消费者基础的店铺是通过产品的标签来获得流量的，所以产品标签的明确性就很重要。这涉及填写产品属性、标题关键词，以及产品属性对应的人群等数据。在前期，系统会根据产品的标签在整个大数据库里为其匹配喜欢这一类产品标签的人群，这时流量的精准度是比较低的，转化率也比较低。对于新品来说，如果用成熟产品的数据作为参考，就会导致新品数据看起来比参考数据好，但实际上并非如此。

> **名师点拨**
>
> 随着量的增大，精准度和转化率等指标就会下降，这就会导致流量难以增加。

7.7.4 起爆产品的选择

一般情况下，很多新店是不具备产品开发能力的，它们更多是在跟随爆款。那么如何选择要跟随的爆款产品呢？我们通常可以从4个方面来进行选择。

（1）市场新款，市场上没有太多店铺售卖，且产品的增长速度比较快。

在选择产品时，不仅要看这个产品是否会增长，还要看这个产品是不是处于持续增长状态。我们可以在竞争情报里查看这个产品的增长速度，或者在市场行情中查看它的增长幅度，还可以关注那些增长幅度比较大的产品。比如，图7-24所示的这个产品的销量在4月29日开始逐步上涨，如果商家能够及早发现趋势，那么可以考虑跟进这个产品。

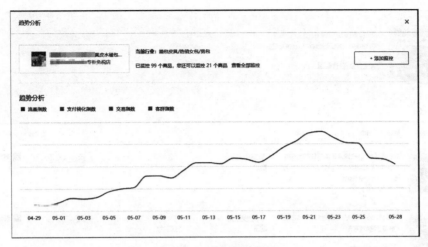

图 7-24 产品趋势分析

（2）市场上有一些店铺在售卖，但卖家数量还不是太多。

我们要观察产品在市面上是不是已经铺天盖地了，可以选择市场上有一些店铺在售卖，但卖家数量还不太多的产品。

我们可以在淘宝上搜索一下，输入一个品类关键词，看一下产品的同款情况。首先看产品在市面上是不是有很多同款，然后看是不是有一个卖家非常火爆、其他卖家卖得都不是很好，如果是，这一类产品不能作为跟随的爆款。图 7-25 所示为多个店铺都在售卖并且都销售得不错的产品，这种产品就有一定的操作空间。图 7-26 所示的这款产品是一家店铺销售得很好，而其他店铺都销售得不太好，选择这种产品是不太合适的。

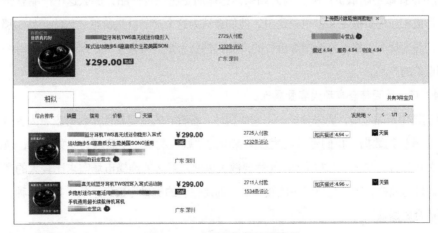

图 7-25 产品售卖较好的情况

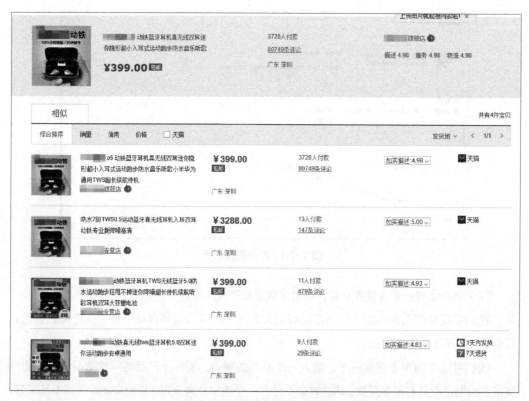

图 7-26 产品售卖不好的情况

（3）慎重选择超低价产品。

慎重选择跟随超低价产品。因为如果你选择的是超低价产品，那么这个产品就会在消费者心中形成相应的价值定义。也就是说，他们会认为这个产品就是价格较低的产品。那么之后如果我们想要提高价格，打造中等价位的产品，消费者是很难接受的。所以在选品时一般不要选超低价的产品。

（4）产品是否符合市场大容量属性。

我们选中产品之后，要去分析一下它的属性，看看它的重要属性是否对应着大容量市场。

关于属性的数据，我们可以从生意参谋中的"属性洞察"中获取，比如女包，包的大小是一个关键属性，如图 7-27 所示。既然要做大爆款，就必须选择市场需求比较大的产品（除非这个属性是新的，市场竞争对手比较少），而迷你包的支付件数远远低于其他几种，所以迷你包不适合做爆款。

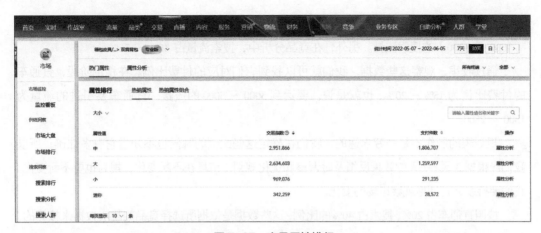

图 7-27 产品属性排行

商家在选择要跟随的爆款产品时，从以上几个方面考虑，大方向上就不会错。

7.7.5 制作产品起爆规划表

下面通过一个例子来介绍如何制作产品起爆规划表。制作规划表，首先要定目标，这个目标不是我们想定多少就定多少，而是要根据市场的销售情况来定。我们抓取TOP50的产品搜索流量数据，最高搜索流量为8000，最低流量为1000，分为3档，第一档为5000～8000，第二档为3000～5000，第三档为1000～3000，如图7-28所示。

图 7-28 产品起爆规划表

这样我们心里就有了一个目标：不要求自己的流量做得非常大，而且作为小卖家，运作资金可能也不是那么充裕,这只是一个新品操作阶段,所以这里设定的是 14 天达到第二档（3000～5000）的搜索流量。另外,在竞品分析中,搜索流量占 30%～50%。

通过收集、观察这些数据,我们就可以找到它们对应的付费比例。在稳定阶段,直通车的付费比例为 15%～20%,也就是说,要达到 3000～5000 的流量,直通车要引进的流量为 1500～2500。

规划表的制作不是一劳永逸的,我们在确定这些比例的时候也不知道它有多准确,所以我们应根据 3 天、7 天的效果反馈及时调整和优化规划。市场在不断变化,规划也要不断变化。我们要持续、定期地观察市场的变化。

按照直通车占 20%、搜索占 40% 的比例,这些数据是依据所选择竞品的均值数据来核算的,如图 7-29 所示。

产品单价	30		直通车占比	20%
支付转化率	2%		搜索占比	40%
UV 价值	5			
加购率	8%			
需件转化率	16.67%			
人均需购买件数	8.33			
客单价	250.00			

图 7-29　具体数据

根据图 7-30 中的数据,我们可以得出以下结论。

（1）产品单价为 30 元。

（2）支付转化率为 2%,这属于买家转化率。我们要达到的标准是 2%,但这里的支付转化率不能简单地按照市场的 1.5～2 倍来核算,因为转化率只是坑产中的一项指标而已。很多时候要将客单价结合起来分析,也就是假设市场平均价格为 100 元,而你销售的是 300 元的产品,这时要求你的转化率达到市场平均值的 1.5～2 倍水平明显是不合适的。所以这里就要分析与我们的产品处于同一价位的产品的转化率水平。

提示

这里的转化率是指搜索和直通车的转化率,其他的不用考虑。

（3）UV 价值为 5。UV 代表了一个流量带来的产出价值。UV= 成交金额 ÷ 总流量。

（4）需件转化率为 16.67%。需件转化率与多数卖家是没有关系的，它针对的是一些大件数的产品，也就是要一次性买很多的产品。人均需购买件数为 8.33。

为了提升整体的 UV 价值，可以适当地调节购买的件数，这又回到了坑产的问题。提高坑产的方式包括调节点击率、提升转化率、拉高客单价，而客单价的构成除了本身的单价以外，还有客件数，这里采取的就是增加客件数的方法来提升整体的 UV 价值。

掌握了以上内容之后，接下来我们就要制作规划表（14天搜索增长计划），如图 7-30 所示。

250.00		14天搜索增长计划（第二档流量目标）													
主流量结构		1	2	3	4	5	6	7	8	9	10	11	12	13	14
搜索流量	流量			300	400	600	800	1000	1500	2000	3000	3500	4000	4500	5000
直通车		100	100	100	200	200	200	500	750	1000	1500	1750	2000	2250	2500
淘内免费其他		累积销量（钻展目前市场做得少，可以根据流量引入费用和标签定向适当投放），另外有少部分市场竞争对手淘首页的流量非常大，可能也跟标签有关，所以可以尝试标签定向和店铺定向						1000	1500	2000	3000	3500	4000	4500	5000
手淘首页															
淘宝客															
搜索流量	转化		件数转化率由 8%增长到16%，支付转化率由2%增长到4%					件数转化率由 16%回调到 8%，支付转化率由4%回调到2%							
直通车															
淘内免费其他															
手淘首页															
淘宝客															
搜索流量	销量（人）							20	30	40	60	70	80	90	100
直通车								10	15	20	30	35	40	45	50
淘内免费其他															
手淘首页					400										
淘宝客															

注：销量指买家数。

图 7-30　14 天搜索增长计划

1．搜索流量

（1）新品期的关键——点击率。

因为我们这里讲的是搜索流量的起爆，所以就把搜索流量的数据填进去。同理，如果重点想推的是手淘首页，那可以把手淘首页的数据放进来。

将搜索流量的数据放进来之后，前两天的流量数据不需要填写，它们是没有什么意义的。因为这时你通常找不到你的产品，也没有办法引入流量，所以在做规划的时候可以忽略前两天的流量。但是，这里所谓的忽略，只是在规划表里面忽略，真实数据是不能忽略的。如果前两天没有搜索流量，也没有出现流量增长，那就要特别小心了，因为无论你的产品有多差，只要是新品，搜索引擎就会给予一定的展现量。有了展现量之后，如果点击效果很差，那就不用考虑后面的转化了，因为你连流量都无法引入，淘宝自然不会认为你能够带来转化。而点击率低，那可能是产品和图片都有问题。

对所有产品来说，点击率在新品阶段是十分重要的一个指标。在前期，我们一定要特别注重主图。我们平时在进行产品优化上新的时候，要特别注重新品期主图和营销的配合，可以在主图中放一点儿营销的元素，尽可能地促使消费者点击产品。

所以，在新品阶段，点击率是关键。有了点击量之后，才能够谈后面的坑产，否则一切都是空谈。但要注意，这部分我们可以不用写在规划表中。

（2）关注能引入流量的关键词。

有流量进来的时候，一定要关注能引入流量的关键词，通过这些关键词，我们可以控制一些对应的数据。这个时候，无论你是否要做转化，有一个指标一定要优化，那就是收藏加购率。无论在哪个阶段，引导消费者收藏加购都是很有必要的，特别是在消费者没有明确的购买需求的时候。

在图 7-30 所示的规划表中，我们可以根据自己的情况去调整，通过数据的表现结果来分析情况，从而进行优化。

2. 直通车流量

在这个时候，直通车实际上起到的作用是给搜索引擎提供参考、判断的依据，并且付费开通直通车会获得一部分免费展现量和搜索表现机会。

如果前期要投放直通车，可以多投入一点，但是在这个过程中需要明确一点：既然要做，就要把数据做得漂亮，否则就干脆不要投放直通车。因为在整个过程中，这段时间没有其他的参考依据，只有直通车的数据可以参考。如果这个数据表现糟糕，最终反而可能导致产品无法获得更多的市场份额。

就目前来说，增加搜索流量一定要借助直通车，但是很多人明明开通了直通车，效果还是不好，那是因为他们不明白开通直通车的目的。我们要明白，开通直通车只是为了创造数据，创造出相应的数据之后，平台才有信心推广你的产品。因为只有看到真实的数据后，平台才能确定这个产品可以带来更多的产值，才会愿意去推广这个产品。

我们再来看看搜索流量的数据，从第三天开始分别为 300、400、600……最终的目标是在 14 天内使流量达到 5000，直通车的占比是 20%，也就是直通车要实现 2500（5000÷40%×20%）的流量。然后我们从 5000 开始倒推，因为我们只考虑了 3 天、7 天的增长变动，图 7-31 所示的表中用虚线框和实线框标记了倒推的时间节点，所以就得到 7 天、10 天后要达到的流量。但这里的倒推标准并没有任何依据。也就是说，我们是根据自己规划的增长路线，再结合实际的统计数据进行实时调控。如果 3 天后发现搜索流量依然没有任何起色，那说明控制的数据是有问题的，这时我们就需要调整相应的参考数值。

3. 其他流量

除了搜索流量和直通车流量外，我们还应考虑淘内免费其他、手淘首页、淘宝客等其他流量。我们发现，目前市场通过智钻获取流量的比较少，说明智钻的竞争比较弱，我们可以根据流量引入费用和标签定向适当投放。有少部分市场竞争对手的手淘首页流量非常大，通常也跟标签有关，所以我们可以尝试标签定向和店铺定向推广。

在做规划时，我们不能因为一张表把自己的思维框死，必须根据市场变化来实时调整规划，而不能机械地照搬他人的成功经验。

4. 转化问题

在做规划时，没有必要明确每一天的转化率是多少，因为数据属于监控指标，很多时候我们对内容的规划只要把握大的方向就可以了，在细节方面可以进行实时调整。

按照规划，第一周的件数转化率是从 8% 增长到 16%，第二周是从 16% 回调到 8%。这里的 16% 通常出现在前期的 UV 价值提升阶段，但是随着流量的增长，转化率不必再控制在那么高的水平，而要有节奏地进行回调，否则反而容易出现数据的漏洞问题，而且维护成本也会很高。第二周的件数转化率从 16% 回调到 8%，这是因为流量回升的时候，转化率会开始下降，所以我们在跟进数据的时候，要清楚地知道数据的变化规律。

在做产品起爆规划表时一定要记住，我们是以市场的数据为参照的，但是实际上每一天的数据都会有所不同，所以在确定表格内容时，把控好最终目标和增长趋势就可以了，不必过分在意每个时间节点的数据指标。

7.8 实践与练习

1. 打造一个爆款需要经过哪些流程？
2. 从平台方、买方、卖方三个视角来分析、研究平台是如何给商家分配免费流量的。

第 8 章

店铺诊断

电商运营人员经常会遇到这样一些问题：①产品无排名、无展现量；②产品有展现量却无访客；③店铺有流量但转化率极低；④店铺流量持续下滑。

或许，大家都知道这是店铺出了问题，但不知道从哪里入手解决这些问题。如果商家自己能够准确地分析出店铺存在的问题，然后去解决这些问题，那么，店铺就能摆脱不赚钱的困境。本章将对店铺出现的常见问题进行诊断，找出问题出现的一般原因并进行分析，最后给出相应的优化措施。

8.1 店铺诊断的常规问题解决思路

很多商家知道自己的店铺出了问题，却不知道从哪里入手解决问题。下面总结了店铺诊断的常规问题及解决思路，以供大家参考。

8.1.1 店铺没有流量

流量是所有淘宝店铺赖以生存的基础，没有流量就没有销量，那么店铺没有流量应该怎么办呢？

商家要想获得流量，就要弄清楚流量是怎么来的。流量按来源分类，可分为站内流量和站外流量；按是否免费分类，可分为付费流量和免费流量。淘宝店铺中的免费流量大都以站内自然搜索流量为主。

那么，如何获得自然搜索流量呢？众所周知，大部分买家是通过搜索关键词来搜索自己想要的产品的,因此,要想获得更多的自然搜索流量,首先要保证产品标题的关键词是买家经常用的搜索词,这样产品和店铺才有可能被买家搜索到。

很多时候,标题关键词符合要求,产品也不一定就能获得流量。因为在一个关键词下,淘宝在同一时间只能展示4800个产品,而买家通常只看搜索结果的前几页,即只看排名靠前的300个产品。也就是说,只有你的产品的标题关键词的搜索排名在前300名,买家才有可能进入你的店铺。由此可见,店铺只有提升关键词排名,才有可能获得更多的自然搜索流量。

另外,还可以通过直通车、智钻等推广方式来获取更多的自然搜索流量。因为利用好直通车和智钻,不仅可以获得精准的付费流量,还可以获得更多的自然搜索流量。

8.1.2 有展现量没有点击量

产品的展现就是指买家通过关键词搜索后,搜索结果页面将展示卖家的产品。在一段时间内产品被展示的次数,就是展现量。如果买家没有点击产品的图片,买家就不会进入你的店铺,你的产品也就没有机会被买家看到。如果买家看到了你的产品却没有点击你的产品,这说明你的产品不够好,或者你的产品图片不好看,没有激发买家的点击欲望,又或者是你的产品不是买家想要的产品。

那么,为什么你的产品没有点击量呢?具体原因可能有以下几个:

(1)产品主图效果太差,没有激发买家的点击欲望;

(2)产品主图没有突出产品的卖点;

(3)产品主图没有直接解决买家的痛点;

(4)产品的价格与买家的心理价格有一定差距。

8.1.3 有流量没有成交量

很多店铺虽然有了流量,服务也较好,但还是没有成交量,这时应该怎么办呢?

首先,我们要了解买家的购物习惯,然后总结有哪些因素会影响买家下单,最后优化这些影响因素,以刺激买家下单,提高成交转化率。

提高成交量的要点如下:

(1)店铺的整体设计风格和产品规划做得比同类店铺好;

(2)分析买家的需求,做好店铺的5张主图和详情页,以吸引并促使买家下单;

（3）产品价格合理，服务质量好，符合买家的心理预期；

（4）注重买家的评价，提高产品质量和服务水平。

因此，卖家的重点是优化店铺的整体风格、主图、详情页、产品质量、服务，以及店铺的优惠措施。

8.1.4 有咨询量没有成交量

很多店铺经常会遇到这样一个问题：每天来咨询的人很多，但是下单的人很少。出现这个问题，主要受以下几个因素的影响。

（1）客服的服务质量。

一般情况下，买家对产品有需求才会来咨询，这时客服的服务质量对成交与否起着非常重要的作用。良好而顺畅的沟通会带给买家愉快的购物体验，不仅可以给买家留下好的印象，还可以让买家产生一种信任感，这些都会促使买家快速成交。

（2）价格预期。

现在的买家在下单之前都会比较多家店铺的价格，在质量相当的情况下，他们会选择符合自己心理价格预期的产品。因此，产品价格的设置是一门学问，设计一套有梯度且符合买家心理预期的价格也是有运营能力的一种体现。

（3）打消买家的顾虑。

很多买家之所以在咨询后迟迟不下单，就是因为他们心里还有一些顾虑没有打消，这时我们要重点解答买家关心的问题，从而打消他们的顾虑。因此，我们要认真倾听买家的心声，注意收集买家关心的问题，比如质保期多久、服务质量如何、是否有赠品、是否包邮、是否返现，以及是否免费安装等，然后制定一套解决方案，这样方能做到胸有成竹，让买家满意，给买家信心，从而达成交易。

8.2 生意参谋数据分析基本框架

要想做好店铺诊断工作，我们需要了解常用的生意参谋数据分析基本框架。通过认识生意参谋数据分析基本框架，我们可以知道用生意参谋数据分析工具，可以具体针对哪方面的业务问题进行数据分析。生意参谋数据分析基本框架如图8-1所示。

第 8 章
店铺诊断

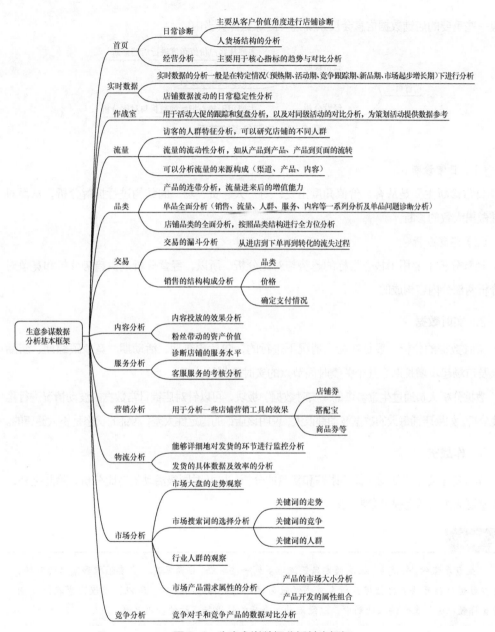

图 8-1　生意参谋数据分析基本框架

1. 首页

生意参谋的首页主要有两个功能，一个是日常诊断，另一个是经营分析，如图 8-2 所示。

一般一些重要的店铺数据信息会被系统直接提炼到首页当中。

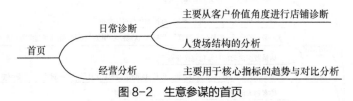

图 8-2　生意参谋的首页

（1）日常诊断。

日常诊断主要是从客户价值角度出发，对"人、货、场"的结构进行拆解分析，从而对店铺做出大致的诊断。

（2）经营分析。

经营分析主要用于核心指标的趋势与对比分析，所以，经营分析是由趋势分析和竞争对比分析两部分内容构成的。

2．实时数据

实时数据的分析一般是在特定情况下进行的，包括预热期、活动期、竞争跟踪期、新品期以及市场起步增长期等几个关键时间节点的实时数据的分析。

数据分析人员通过生意参谋的"实时数据"板块，可以针对店铺日常数据的波动情况进行稳定性分析。如果店铺每天的数据波动都很大，说明该店铺的稳定性太差，店铺的状态是不太健康的。

3．作战室

作战室主要用于活动大促的跟踪和复盘的分析，以及对同级活动的对比分析，除此之外，作战室可为策划活动提供参考数据。

> 生意参谋的"作战室"板块通常只笼统地罗列一些数据，在商家真正需要跟踪和复盘的时候，这些数据往往无法支撑数据分析人员去做较为详细的数据分析工作。所以，建议商家在活动期间就将数据收集工作纳入计划中，以便活动结束后能够进行详细的数据复盘。

4．流量

生意参谋的"流量"板块主要有以下3个功能。

（1）访客的人群特征分析，主要研究店铺不同访客人群的特征。

（2）流量的流动性分析，主要研究流量在不同页面之间的流转问题，如从A产品到B产品、从产品到定制页面等的流转过程。流量的流动性会对访客的浏览深度、停留时长等关键指标产生影响。

（3）分析流量的来源构成，主要从渠道、产品、内容3个维度出发，对流量来源构成进行分析。

5．品类

生意参谋的"品类"板块和"流量"板块一样，都是非常实用的数据分析板块。生意参谋的"品类"板块主要有以下3个功能。

（1）产品的连带分析，可以对流量进入店铺后的增值能力进行测评。

（2）店铺单品的全面分析，从销售、流量、人群、服务、内容等方面入手对店铺单品进行全面的诊断分析。

（3）店铺品类的全面分析，按照店铺的品类结构对店铺产品进行全面的诊断分析。

店铺单品的全面分析适用于小店铺、新店铺；店铺品类的全面分析适用于店铺品类结构复杂的大店铺。

6．交易

生意参谋的"交易"板块主要涉及两部分内容的分析：一是交易的漏斗分析；二是销售的结构构成分析，如图8-3所示。其中，交易的漏斗分析的对象是流量从进店到下单再到转化的流失过程，而销售的结构构成分析主要是对品类、价格以及确定支付情况等内容进行分析。

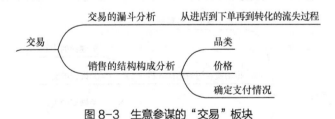

图8-3 生意参谋的"交易"板块

7．内容分析

生意参谋的"内容分析"板块主要涉及内容投放的效果分析，也就是对买家带动的资产价值进行分析。如果商家比较重视内容板块的运营，那么内容分析就是比较重要的分析项目了。

8. 服务分析

生意参谋的"服务分析"板块主要是对店铺的服务水平进行诊断分析，另外，它还可以为店铺的客服服务考核指标提供参考。电商平台一般都比较重视商家的服务水平，因此，商家（尤其是大商家）一定要对服务性指标进行重点分析。

> 商家一般都习惯用"赤兔名品"工具来进行客户服务分析，但生意参谋的"服务分析"板块也会提供一些客服服务数据，这些数据可以作为客服服务考核指标的参考。

9. 营销分析

生意参谋的"营销分析"板块主要用于分析一些店铺营销工具的效果，比如店铺券、搭配宝、商品券等营销工具的使用效果。

10. 物流分析

生意参谋的"物流分析"板块能够详细地对店铺的发货环节进行监控，对发货的具体数据及效率进行分析，以便商家选择合适的快递公司。对于销量较高的大商家来说，物流分析应该是他们重点关注的内容，因为物流分析能够帮助店铺解决物流时效性的问题，有效提高店铺的发货水平，节省物流运营成本。

11. 市场分析

生意参谋的"市场分析"板块是与市场竞争相关的分析，主要包括4个部分的内容，如图8-4所示。

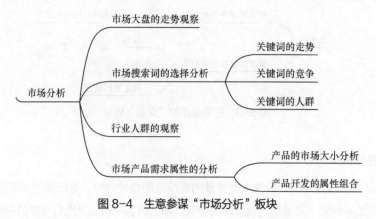

图8-4 生意参谋"市场分析"板块

（1）市场大盘的走势观察：商家判定市场走向的参照。

（2）市场搜索词的选择分析：分析内容包括关键词的走势、关键词的竞争和关键词的人群。

（3）行业人群的观察：行业人群要结合店铺自身的人群来做比较，如果店铺的目标人群与行业人群的偏差太大，商家要获取大量的流量就是一件非常困难的事情。

（4）市场产品需求属性的分析：包括产品的市场大小分析和产品开发的属性组合两部分内容。

12. 竞争分析

生意参谋的"竞争分析"板块的主要作用是观察竞争对手的相关数据，并可用于与竞争对手的数据进行对比分析。

8.3 店铺常见问题的诊断

店铺如果有问题，直接的表现就是销量低，或者说没有访客、没有销量，其根本原因就是没有流量或有流量但成交转化率低等。但造成这些问题的因素有很多，下面从 DSR 评分、店铺基础服务、产品规划、页面相关数据指标，以及流量相关数据指标等内容出发进行分析，并给出优化措施。

8.3.1 DSR 评分诊断

DSR 评分是指买家在本次交易完成后给店铺的"描述相符""服务态度""物流服务"3 项指标的评分。它既是店铺评价的综合体现，也是店铺获取流量的基础门槛。"DSR 的 3 项指标"业务问题的分析框架如图 8-5 所示。

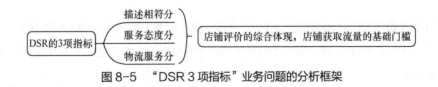

图 8-5 "DSR 3 项指标"业务问题的分析框架

1. DSR 评分

DSR 评分一直是卖家需要重视的要点。消费者在买东西的时候，首先关注的也是 DSR 评分。图 8-6 所示为某店铺半年内动态评分。稍有经验的消费者都会仔细查看商品的评分（DSR

评分）是比行业平均水平更高，或是与之相当，还是明显低于行业水平。

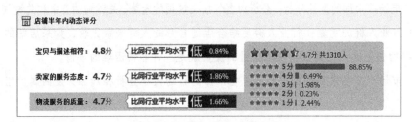

图 8-6　店铺半年内动态评分

DSR 评分的计算公式：**总分数 ÷ 总人数**。DSR 评分的最高分是 5 分，最低分是 1 分。通常来讲，得分为 4.8 分及以上属于好评，得分为 4.6～4.7 分属于中评，而 4.5 分及以下属于差评。

2. DSR 优化

卖家可以在后台看到自己店铺的描述相符、服务态度和物流服务 3 项指标的数据，如图 8-7 所示。

图 8-7　天猫商家后台的描述相符、服务态度和物流服务指标

当这 3 项指标的任意一项指标低于 4.7 分时，我们就要采取优化措施，但特殊类目需要特殊处理。另外，如果 DSR 评分相对于行业平均水平是偏低的，那么这个时候也是需要优化的。优化措施如下。

（1）描述相符优化。

产品描述相符的优化措施如下。

① 产品质量：监控质检，不过分夸大。

② 产品尺码：提供标准尺码和模特的身高、体重信息，引导买家自行选择。

③ 卖点描述：不要过度承诺，不要宣传与实际产品不相符的内容或卖点。

④ 实物与图片：尽量使用实物拍摄，选择分辨率较高的图片。

（2）服务态度优化。

卖家服务态度优化措施如下。

① 旺旺响应：及时回复买家信息，活动时设置自动回复。

② 礼貌用语：用旺旺交流或电话交流时要注意使用礼貌用语。

③ 专业知识：加强对产品的了解，熟悉淘宝的各项规则，使用引导术语。

④ 售后问题：站在买家的角度，提供快速优质的售后服务，如有恶意差评，保留证据以便举证。

（3）物流服务优化。

卖家物流服务优化措施如下。

① 发货时间：一旦产生订单，准确填写订单及物流信息，及时发货并通知买家。

② 发货速度：非定制类、预售类产品尽量做到 24 小时内发货出库。

③ 合作快递：合作快递能让 95% 的订单在一般地区的买家 3 天内收到货。

④ 及时沟通：超过 3 天未签收的货物，及时联系快递公司，同时联系买家，做好解释安抚工作。

8.3.2 店铺基础服务指标诊断

店铺基础服务包括全网通用服务和其他服务，其中最重要的就是 30 天内服务。关于"30 天内服务"，天猫与淘宝有所不同，淘宝店铺只有售后率、纠纷率和处罚次数 3 项，而天猫店铺有 4 项，分别为纠纷退款率、仅退款自主完结时长、退货退款自主完结时长和退款自主完结率，如图 8-8 所示。

图 8-8 店铺 30 天内服务情况

将这些指标数据与行业均值进行对比，如果低于行业均值，则店铺处于健康的状态；如果高于行业均值，则店铺处于不健康状态，会影响店铺的基础权重。

1. 店铺基础服务指标

为有效地帮助和激励商家提升店铺的服务品质，提高商家的综合运营能力，持续为消费者提供更加优质的购物体验，淘宝/天猫平台制定了一些考核机制，其中常见的店铺基础服务指标包括退款时长、退款率、纠纷退款率、纠纷退款笔数、介入率、品质退款率和投诉率，以及品质退款商品数，如图8-9所示。

图8-9 店铺基础服务指标

（1）退款时长是指从开始申请退款到退款成功或退款关闭的时长。

（2）退款率＝近30天成功退款订单数÷近30天支付宝交易订单数×100%。虽然退款率对店铺的售后权重没有直接影响，但对店铺的信誉和店铺的长远发展有着不良的影响。如果店铺的退款率很高，店铺的排名就会靠后，店铺的权重就会降低。

> **提示**
>
> 淘宝平台明确规定，正常退款形成的退款率不作为权重参数，只作为经营参数，不影响店铺的售后权重。

（3）纠纷退款指的是买家申请退款，而卖家认为买家的退款理由不正当，或者说不应该产生退款这种问题，于是双方产生了纠纷。判定纠纷退款完成的依据有：①客服处理状态为"客服处理完成"；②退款状态为"退款成功"。

纠纷退款率为30天内纠纷退款订单数与店铺总成交订单数的比率。

> 纠纷退款会造成店铺权重的小幅度降低，店铺应尽量避免发生纠纷退款。因为就算最终淘宝或天猫判定卖家占理，但这个纠纷已经出现了，也会对店铺造成负面影响。

（4）介入率。在退款或退货处理过程中，若双方协商不能达成一致或问题未得到解决，在规定期满后，任意一方可以在退款详情页面点击"要求客服介入处理"，进行第三方仲裁处理。介入率是指近30天内介入发起笔数与支付子订单数的比率。介入发起笔数包括卖家发起、买家发起和平台帮助发起的笔数。由于淘宝介入率较高对店铺的排名会有一些影响，因此要尽量减少淘宝客服介入处理的情况。

（5）品质退款率是指由于商品质量问题而申请的退款订单数与店铺的总订单数之比。品质退款率以"发起退款申请"为计算依据，而不是以"退款成功"来计算。

（6）投诉率是指店铺买家在近30天内发起且成立的投诉总订单数与店铺的总订单数之比。如果投诉成立，则被投诉的店铺将会按照相关规定受到扣分、降权、下架、删除产品等处罚；如果投诉不成立，则被投诉店铺不受任何影响。天猫店铺常见的违规问题主要集中在以下几个方面：发票问题、包邮问题、货到付款问题、信用卡问题、泄露他人信息问题、付款方式问题、关闭交易问题。

店铺一旦出现以上问题并被确认，则会受到相应的扣分处罚。

2. 退款纠纷优化措施

为了提升店铺的整体权重，尽量减少不必要的纠纷和负面影响，卖家可以从以下几个方面对店铺的基础服务和近30天内的服务出现的各种问题进行优化处理。

① 追求大事化小，小事化了。做生意讲究和气生财，遇到纠纷，通常的做法是大事化小，小事化了。

② 拥有充足的证据，可申请淘宝客服介入。如果卖家有充足的证据证明买家是过错方，而自己没有过错，则可以申请淘宝客服介入。特别是对于一些恶意的买家，卖家不要一味地迁就。

③ 没有充足的证据，选择让利协商解决。如果卖家没有充足的证据，则可以选择让利于买家，以求协商解决。

8.3.3 产品规划诊断

诊断店铺的产品规划是否有问题，主要从以下4个方面出发：

（1）了解店铺的主营类目是什么；

（2）了解店铺产品的动销率。也就是说，了解目前产品卖得怎么样，有哪些产品能正常售卖，有哪些产品是滞销的；

（3）了解产品的分类与布局；

（4）了解产品的定价，也就是了解价格在哪个区间、定价是否合理。

1. 提高主营占比

淘宝店铺的主营占比是按照成交产品计算的，系统自动统计店铺近30天内的主营商品的销售额与店铺总销售额的比率。店铺的主营占比是由淘宝自动识别和计算的，会因店铺成交量的变化而变化，卖家无法自行设置和修改。

占比大的类目将影响你的产品在这个类目中的权重。假如你店铺的主营类目是服装，那么你的店铺内的饰品将很难在淘宝自然搜索结果中排名靠前，并且会拉低非主营类目的产品权重，还会拉低主营占比。因此，我们建议一个店铺应只销售一个主营类目的产品。

主营占比越高，店铺产品的排名就越靠前。主营占比在80%以上的店铺为健康店铺，如果低于80%则需要提升。提升主营占比有以下两种方法：①减少非主营类目产品；②搭配与主营类目相关的产品，以达到提升销量的目的。

2. 合理控制动销率

动销率通常用来考察商品的库存积压情况，一般以月为单位，动销率是产生销量的商品数与总商品数的比率。动销率一般要求在60%以上。如果店铺上架了很多的商品，但是大部分商品都没有销量，淘宝认为你占用了货架位置而没有把商品销售出去，会在一定程度上降低店铺的权重，所以应该将动销率保持在较高的水平。

当动销率出现以下两种情况，卖家应该及时采取措施。

（1）动销率大于100%，表明在某个时段该分类有销量的品种数大于现有库存的品种数，说明该分类出现了品种数流失的现象。

此时卖家应该采取以下措施：

① 定期或不定期检查和监督商品的进销存情况，加强对商品缺货的管控；

② 要重视数据分析，切忌经验主义，注重细节营销，详细分析不同商品的适销地域、季节、价格、陈列位置等。

（2）动销率小于100%，表明该类商品存在滞销情况，或者在某个时段存在一定比例的滞销情况。

此时，卖家应采取以下措施：

① 删除滞销品，加大推广力度；

② 加强市场调查与分析，根据消费者的需求购进恰当的品种和数量的商品，做到品种对路、数量恰当；

③ 调整滞销品的陈列位置与布局，根据市场需要不断调整滞销品的营销策略，加大滞销品的促销力度；

④ 及时调整虚拟库存和增加适销库存。

3. 优化产品分类与布局

（1）对店铺的产品进行合理分类，不仅可以更清晰地将店铺产品展示给消费者，而且能体现产品的功能和特点，提高点击率。

以蜂蜜店铺为例，常见的产品分类方式是按照蜂蜜种类分类，如分为槐花蜜、枣花蜜、荆条蜜、椴树蜜等。但这种分类方式司空见惯了，已无消费吸引力。如果我们在分类上体现出不同蜂蜜的特殊功效，效果就不同了，可大大提高点击率，比如槐花蜜有清凉、降火等作用，可以将其命名为清凉槐花蜜；枣花蜜有补血益气的作用，可以将其命名为益气枣花蜜，等等。这样的命名，不仅体现了产品的价值，而且也便于消费者快速了解产品功能，快速锁定购买目标。

（2）对产品进行合理布局，可以让产品分类多次曝光在消费者面前，也可以提高产品的点击率。比如，优化左侧的导航的目的也是提高曝光率，方便消费者浏览。

4. 产品合理定价

产品的价格是由产品的综合价值决定的。这涉及对市场、对消费者特征、对消费者接受能力的判断，同时我们也要结合竞争对手的产品价格进行综合的判断。

店铺产品定价可以采用阶梯式定价方法，可以分为高、中、低3种价位，低价款作为店铺的引流款，而高价款作为形象款，中价款作为利润款。这样就可以让消费者买到符合自己心理预期的产品。

8.3.4 页面相关数据指标的诊断

页面相关数据指标通常包括描述页成交转化率、收藏率、加购率和页面跳失率。

1. 描述页成交转化率的诊断

描述页成交转化率计算公式如下。

$$描述页成交转化率 = 产品成交笔数 \div 描述页总访客数$$

描述页成交转化率是一个至关重要的指标，它对店铺的销量有重大影响。针对描述页成交转化率，我们可以从以下几个方面来诊断。

① 分析页面的视觉营销设计、排版布局是否合理，成交的六大要素是否满足。

② 分析店铺的头图和前两屏文案，是否可以吸引潜在消费者。

③ 分析店铺的基础销量、评价内容和询盘比例是否处于健康状态。

④ 分析价格和促销是否对成交造成了障碍。

⑤ 分析售后的承诺，或安装等其他环节的问题是否导致了成交率下降。

针对以上各种情况，我们要分析造成成交障碍的具体原因，然后有针对性地解决。

2. 收藏率诊断

收藏率是收藏量与总访客数的比率，其计算公式如下。

$$收藏率 = 收藏量 \div 总访客数$$

一般建议加购率与收藏率之和要大于10%。提高收藏率的常用方法如下。

① 客服引导。当顾客咨询或下单后，客服人员要提醒顾客收藏店铺，然后赠送小礼物给顾客。很多店铺把店铺收藏量作为客服业绩考核的一个重要指标。

② 收藏有礼。促使顾客订阅相关信息，并通过信息提示顾客"收藏有礼"，礼品通常是优惠券、红包等。

③ 送淘金币。为了鼓励顾客收藏，店铺在后台"营销中心"的"淘金币营销"中设置"收藏店铺送淘金币"可收获很好的效果。

④ 包裹营销。店铺可在寄送给顾客的包裹里面放置店铺二维码，提示顾客扫码收藏。

3. 加购率诊断

加购率的计算公式如下。

$$加购率 = 加购量 \div 总访客数$$

加购率对于成交有很大影响，加购率越高越好。提高加购率的常用方法如下。

① 客服引导。客服人员应该积极引导咨询顾客或成交顾客收藏商品和将商品加入购物车。

② 赠送优惠券。在详情页的最前面放置一张小图片，设置好利益点以引导顾客收藏加购，比如送 3 元、5 元优惠券。

4．页面跳失率诊断

页面跳失率是指只浏览一个页面就离开的访问次数与该页面的总访问次数的比率，其计算公式如下。

> 页面跳失率 = 只看过一个页面就离开的访客数 ÷ 总访客数

页面跳失率可以作为衡量页面质量的重要指标。页面跳失率越低说明该页面越受欢迎，访客愿意访问更多的页面；反之，页面跳失率越高说明该页面越不受欢迎。

跳失的原因无非就是访客通过搜索点击到达的目标页面与预期有很大的差距，即进入目标页面后，访客感觉无论是页面内容还是服务，甚至店铺的整体感觉都不及预期。

页面跳失率高说明页面的吸引力不够，最终会影响商品的转化率。为了降低页面跳失率，提高成交转化率，建议从以下几个方面入手。

（1）装修美化店铺以降低页面跳失率，增强访客的购买欲望和信心。

（2）利用关联销售降低页面跳失率，提高转化率。

（3）加快图片的加载速度，提高浏览效率。

（4）优化卖点，打动访客。

（5）增加促销活动，引导咨询。

8.3.5　流量数据指标的诊断

流量通常是指访问店铺的人数，即访客数。流量越高，说明访问店铺的人越多，也就意味着卖出商品的机会越大。流量是影响店铺销售状况的重要因素，我们必须弄清如何获取和提高店铺的流量。

1．UV 数、访问深度

UV 即独立指访客，UV 价值是指平均每个访客产生的价值。UV 价值越高，代表店铺的获客能力越强，越能够得到平台的免费推荐流量。

UV 价值的计算公式如下。

$$UV 价值 = 客单价 \times 转化率$$

通过 UV 价值计算公式我们可以看到，UV 价值是由客单价和转化率两个指标构成的，所以这两个指标是流量价值的终极计算指标，它们影响产品在市场中的核心竞争力。其中，客单价体现的是产品的溢价能力及连带能力；转化率体现的是客户对产品的信任度。

影响店铺综合排名的因素通常包括 UV、停留时间和浏览量。很多卖家都说自己的店铺没有人气，访客数比较少，那怎么办？当 UV 数较少或访问深度较小时，卖家需要对其进行优化，优化要点如下：

（1）使用直通车、智钻等付费工具来引流，增加访问量；
（2）将自媒体、站外可利用的流量资源导入本店，增加访客数；
（3）加强关联销售，提高流量利用率，加深访问深度；
（4）优化详情页和店内导航，加深访问深度。

2. 平均停留时长

平均停留时长与人均浏览量（访问深度）是相辅相成的，因为访客访问的页面多了，整体停留时长自然就会增加。

（1）可能出现的情况。

关于平均停留时长，主要有以下 3 种情况。

① 正常情况。访问深度越深，停留时长越长。

② 停留时长长、访问深度浅的情况。该情况表明内容的重要性不突出，不利于有购物意图的人产生购买行为。因为有购物意图的人的购物方向一般比较明确，不会在同一个页面中停留过长的时间。如果访客的停留时长比较长，访问深度又比较浅，有可能就是因为该页面内容本身的重要性不突出，这时数据分析人员需要结合实际转化率来进行深入分析。

③ 停留时长短、访问深度深的情况。该情况说明产品的内容可能不具有吸引力，从而造成了访客的选择困难。访客在每个商品页面的停留时长都很短，但找到合适商品的意愿又特别强，所以会不断地切换页面，这就是所谓的选择困难。

（2）优化措施。

访客停留时长和访问深度基本成正比，平均停留时长反映了店铺吸引访客的程度。针对店铺访客停留时间长的问题，建议从以下几个方面进行优化。

① 提高页面打开效率。访客访问店铺时，打开页面的速度要快，如果太慢，不管店铺好坏，

访客都会直接选择不再访问店铺，因为访客没有耐心等太久。控制图片质量和大小，少用动态效果，可以提高页面加载效率。

② 优化店铺的页面。页面设计非常重要，页面不仅展示了产品，而且代表着店铺的形象。设计美观的店铺页面可以给访客带来较好的视觉体验，增强访客购买产品的信心。因此，店铺页面的设计不仅要美观、与众不同，富有吸引力，而且要与店铺产品的风格相符，为访客打造别具一格的购物环境，从而吸引更多访客驻足浏览。

③ 优化店铺的结构导航。店铺的结构导航要清晰，设计布局要合理，主图、标题、营销卖点、差异化价值、关联销售等要点要进行优化。

3. 免费流量占比

任何一个店铺都有免费流量和付费流量两种。我们使用付费流量进行推广也是为了能够获得更多的平台免费流量。因为免费流量不仅精准度更高，而且不用付费。店铺要想获得更多免费流量，可以从以下几个方面加以优化。

（1）分析整体的流量结构，有选择地进行投放和引导。

（2）用直通车进行精准关键词推广，引导自然搜索流量上涨。

（3）做好店铺营销的细节工作，提高店铺整体权重。

4. 投入产出比

投入产出比（Return on Investment，ROI）是指付费流量的总产出与总投入的比值。ROI越高，说明付费推广的效果越好。

 名师点拨

> ROI与周期有关，周期一般为3天、7天或15天。对于绝大多数类目来说，15天是比较好的一个周期，它能够保障完成一次完整的转化，ROI也相对准确。

当发现ROI比较低时，对于不同工具，我们有以下建议。

（1）直通车：优化创意主图（自定义图），优化人群溢价和定向推广。

（2）智钻：优化创意、优化定向、优化资源位。优化创意，就是优化促销文案及图片；优化定向，就是指我们之前对目标人群定位不准，人群定向的转化率不高，现在我们要进行精准定向；优化资源位，保留天然转化率、天然信任度比较高的展示位置，去掉那些指标数据表现不怎么好的展示位置。

（3）店铺或产品承接页：优化落地页面和店铺的视觉营销设计能有效提升 ROI。

8.4 店铺诊断案例分享

基于上述对店铺诊断相关基础内容的学习，下面结合 3 个案例来讲解店铺诊断的实操过程，帮助读者进一步巩固店铺诊断的流程、方法和技巧等内容。

【案例 1】某母婴类店铺层级难突破问题诊断分析

1. 基本情况

某店铺主营母婴类用品，最近两年主营母婴儿童服饰（背心、吊带）。目前店铺有 3 款主推产品，3 款产品 30 天的商品访客数、商品加购件数、搜索引导访客数、支付金额和支付转化率等相关数据如图 8-10 所示。

统计时间 2021-03-17 ~ 2021-04-15　7天　30天　日

【人群推荐】爆款潜力人群圈选-应用-再追踪，精准营销提升宝贝转化。了解详情

商品	商品访客数	商品加购件数	搜索引导访客数	支付金额	支付转化率
女童背心内穿纯棉宝宝儿童女吊带儿... tm0708	40,626 -1.69%	6,954 -2.04%	15,337 -1.59%	120,226.35 -2.34%	7.31% -0.68%
女童吊带背心内穿女小纯棉夏季夏宝... TMBX004	11,565 -0.66%	2,372 -0.96%	7,407 -1.95%	45,811.86 -0.09%	9.69% +0.83%
男童背心内穿儿童纯棉宝宝跨栏小男... tm5866	6,790 -4.03%	1,397 -5.16%	4,372 -4.48%	29,638.51 -4.40%	10.85% -0.73%
老人隔尿垫水洗可洗防水卧床老年人... TM0111-02	3,506 -0.03%	724 +1.26%	868 -0.12%	25,132.20 +0.30%	8.76% +1.04%
婴儿防抓手套防抓脸夏季新生儿挠伤... TM0206-01FZST	10,644 +0.11%	1,990 +1.38%	5,221 +1.06%	23,525.55 +1.53%	13.25% +1.53%
纱巾婴儿防风宝宝防晒儿童薄款外出... 356987152	10,188 +0.18%	1,514 +0.80%	6,375 +0.97%	12,653.05 +0.66%	6.78% +0.74%

图 8-10　店铺 30 天内的商品访客数、商品加购件数等数据

目前店铺在同行业中的排名是 1353 名，店铺层级为第四层级，业绩难以突破。店铺生意参谋首页数据如图 8-11 所示。

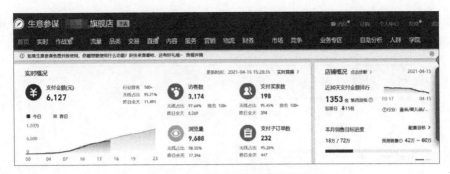

图 8-11　店铺生意参谋首页数据

2. 诊断分析

从店铺目前的产品数据来看，主推产品的加购件数、支付转化率数据表现良好。从搜索引导访客数来看，搜索流量是该店铺的主要流量来源。既然店铺的产品转化竞争力没有问题，那我们可以推断出该店铺的主要问题出在流量上，因此，该店铺主要解决的是流量问题。从店铺的整体情况出发，我们重点从以下 3 个方向来诊断流量。

（1）店铺流量低，而搜索流量占比高，是否是因为主图点击率低？

针对这一问题，我们利用直通车的自然曝光数据反推主图点击率。该商品的价格为 40 元、该产品的搜索流量渠道的转化率为 8.55%，其他的数据如图 8-12 所示，根据公式"主图点击率＝自然流量转化金额÷自然流量曝光÷该产品的价格÷该产品的搜索流量渠道的转化率"，我们可计算出主图点击率为 3.9%（7932.6÷59496÷40÷8.55%）。

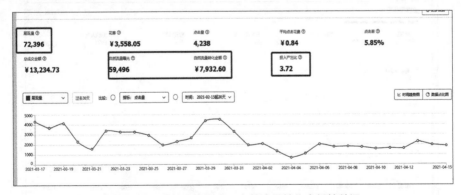

图 8-12　自然流量曝光、自然流量转化金额等数据

通常情况下，自然搜索点击率占该行业直通车点击率的 50% 以上，该产品的自然搜索点击率就算很不错了。我们可以在生意参谋的"流量解析"的"市场趋势"页面中看到该行业直

通车点击率为 5%～6.5%，如图 8-13 所示。由此可见，这张主图的点击率还是比较不错的，从而我们可以判断不是主图点击率的问题。

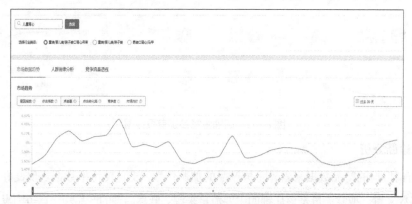

图 8-13　查看"市场趋势"页面

另外，从图 8-12 中可以看到，加上平台赠送的自然免费曝光流量带来的业绩，店铺的 ROI 可以达到 5.95［（13234.73+7932.5）÷3558.05］，所以，建议在实现盈利的情况下，继续加大直通车的投放力度来抢夺流量。

（2）如果点击率没问题，那么流量低可能是产品权重方面的问题。因此，我们用流量高的竞争对手的数据来进行对比分析。通常，我们通过查看生意参谋中"竞品分析"的相关数据来进行分析即可，如图 8-14 所示。

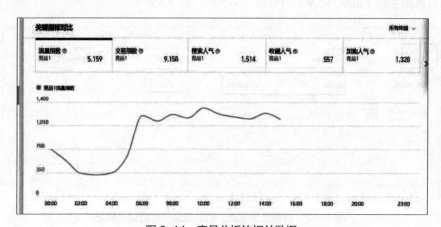

图 8-14　竞品分析的相关数据

从图 8-14 中我们可以看出，竞争对手的流量起步时间点特别早，早上 4 点就开始进入快速爬升阶段。因此，我们在付费推广的时间和折扣设定的时间上也可以提前，以保证在开始阶段的入池竞赛中占据有利地位。

另外，我们可以通过生意参谋查看竞品店铺的引流关键词，如图8-15所示。从引流关键词数据中我们可以看出，竞争对手的搜索关键词的流量实际上都不高，而且关键词相对均衡、分散。对于这些具备精准特点的关键词，我们可以有计划地去投放，以提高关键词权重。

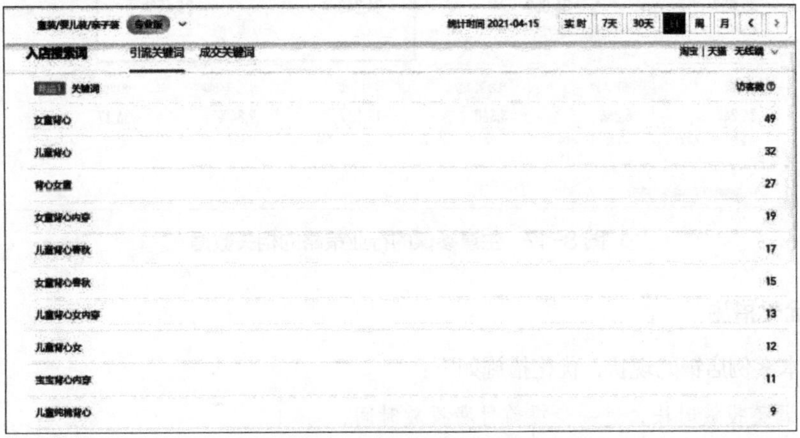

图8-15 竞品的引流关键词

（3）在搜索流量市场并不算大的情况下，我们可以考虑扩展流量来源。生意参谋中"来源渠道"的相关数据如图8-16所示。从数据来看，这个类目的竞争对手的流量主要是推荐流量。

图8-16 "流量来源"页面

对于母婴类目，精准圈选"宝妈"人群是比较容易的，而且很多"宝妈"购买母婴产品是冲动型消费，因此超级推荐、手淘推荐是扩大流量池的非常好的渠道。我们可以通过生意参谋中的"行业策略"数据进行分析，如图8-17所示。从图8-17中可以看出，精致妈妈和新锐白领是转化率最高的两个人群，但是他们的流量并不是最大的，因此，店铺还需要进一步锁定人群标签，提升精准度，这可以通过超级推荐来实现。

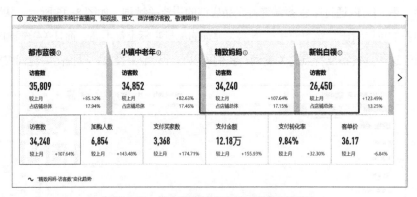

图 8-17　生意参谋的行业策略的相关数据

3. 优化措施

针对本案例店铺的现状，优化措施如下：

（1）调整投放时段，进一步提前付费投放时间；

（2）新增直通车关键词标准计划，采取多词长尾精准计划；

（3）进一步优化主图（虽然目前点击率还不错），促进亲子生活场景化；

（4）借助超级推荐锁定标签人群，强化人群标签，扩大手淘推荐流量池。

【案例2】某女士内衣店铺搜索流量下滑问题诊断

1. 基本情况

目前该店铺处于第五层级，主打女士内衣类目。店主认为近期在直通车上的操作失误，导致了搜索数据的下滑。该店铺生意参谋首页数据如图 8-18 所示。

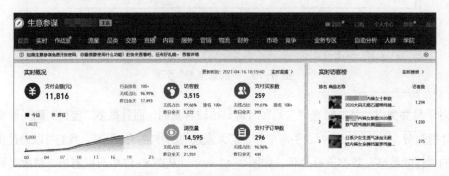

图 8-18　店铺生意参谋首页数据

2. 诊断分析

（1）店主认为直通车的投放限制了自然搜索流量的突破，因此，其从4月12日开始降低日限额预算和出价，自然搜索流量的变化如图8-19所示。从直通车投放和平台给予的自然免费曝光量来看，付费推广实际上是有助于获得搜索流量的，但是当时该店铺的搜索流量受到层级竞争的压制而出现停滞，原本应该继续加大突破力度才对，但店主减少了投放，也就错失了机会。

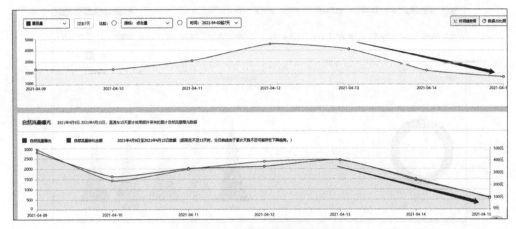

图 8-19　店铺自然搜索流量曲线

（2）该店铺明显的问题是忽视了市场时机。我们可以在生意参谋的"搜索分析"中查看产品的搜索人气趋势来分析市场的时机问题，如图8-20所示。

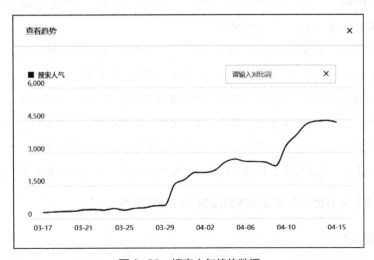

图 8-20　搜索人气趋势数据

从图 8-20 中的数据可以看出，夏款女士内裤已经进入了市场的快速增长期，所有与夏季有关系的关键词全部从 4 月 1 日开始高速增长。市场竞争加剧，该店铺却反向操作，导致自己的竞争力不足，这才是店铺流量下滑的主要原因。

最后，我们通过生意参谋查看该产品的访问人群，可以看出该产品的主要访问人群为女性，如图 8-21 所示。

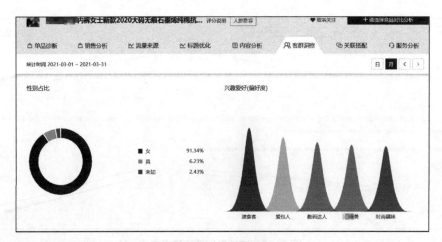

图 8-21 分析人群

综上所述，该产品本身具备爆款潜质，需要在接下来的半个月获得更高权重。

3. 优化措施

针对本案例店铺的现状，优化措施如下。

（1）从目前的直通车数据来看，投产表现良好，因此，建议为全部产品换上适合自己的带有"夏"字的上升关键词，全力抢夺，扩大优势，提高投入预算。

（2）对标题进行优化，同样围绕相关增长关键词进行流量争夺，提高权重。

（3）4 月的后半个月是关键争夺阶段，在此之前，店铺可利用超推（小额投放）智能圈选合适的人群标签。另外，从人群角度来看，该产品具备爆款潜力，可以覆盖大部分人群，因此圈选范围不能过小，可让系统自我纠正标签，为接下来的 5～6 月的流量抢夺做好标签准备。

【案例 3】某零食 / 坚果类目店铺流量人群问题诊断

1. 基本情况

店铺的主营类目是零食 / 坚果，所销售的产品主要是新疆干果。目前，店铺等级为第三层级，月销售额为 10 万 ~ 20 万元。店销的主要推广工具是直通车，其带来的流量占 8% 左右。店铺的主要流量是手淘推荐和手淘搜索带来的，如图 8-22 所示。店铺的总体转化率高于行业均值。因此，该店铺的主要问题在流量提升方面。

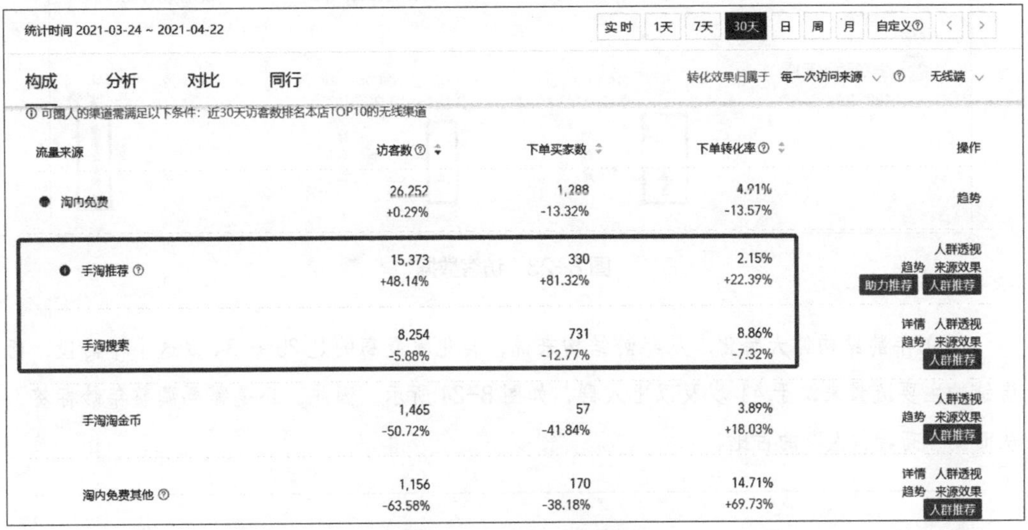

图 8-22　店铺流量渠道

通过沟通得知，店主也比较明确地知道要通过人群标签的优化来确保流量转化的精准，但其解决问题的思路很模糊，甚至存在一些方向性错误。

2. 诊断分析

（1）从消费力结构来分析，店主提出想要扩大 0 ~ 20 元的产品人群并提高转化率，这个想法是不对的。因为目前该店铺中等价位以上的产品的转化率和人群结构都非常不错，消费力标签很精准，65 元以上的访客占比较大，如图 8-23 所示。因此，不建议去打造低价标签，毕竟中高价位标签的形成是很不容易的。

提示

由于店主没有市场洞察专业版数据，我们暂时无法做出具体的判断。

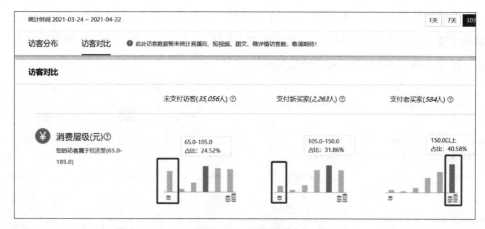

图 8-23　访客数据

（2）年龄结构偏大龄化。从年龄结构来说，转化率最高的是 25～34 岁这个年龄段，而店铺的主要流量来源于 41 岁及以上人群，如图 8-24 所示。因此，还是需要调整年龄标签，从而提升高转化人群的占比。

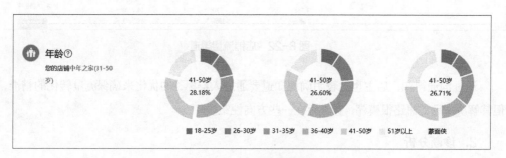

图 8-24　年龄分布数据

（3）区域性特别明显。从图 8-25 所示的访客区域分布来看，购买人群多分布在沿海地区，因此，店铺可以有针对性地进行付费推广。

（4）手淘推荐流量相比搜索流量，非标签化人群占比太大。从手淘推荐流量的人群数据来看，手淘推荐流量共计 15000，但是具备识别标签的访客数仅有 4708（搜索流量），如图 8-26 所示。这说明手淘推荐流量有约 2/3 没有明确的标签，这导致手淘推荐流量对应的人群特别不精准。因此，店铺一定要强化人群标签。

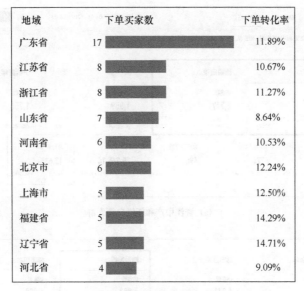

图 8-25 访客区域分布

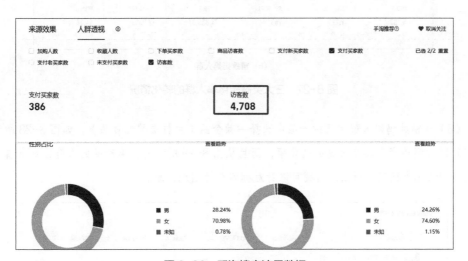

图 8-26 手淘搜索流量数据

（5）根据行业策略的数据，我们精选出图 8-27 所示的三大类高转化率人群：资深中产、新锐白领、精致妈妈，并且根据不同的人群对产品的诉求，进行有针对性的投放，从而全面调整店铺的人群标签。

(a) 资深中产和新锐白领人群

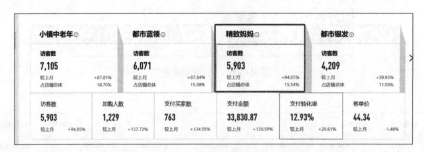

(b) 精致妈妈人群

图 8-27 三大类高转化率人群的转化情况

（6）从精致妈妈人群常买的产品中选择一款食品（主打准孕妇食品），如图 8-28 所示。我们可以看到该产品具有很高的转化率，而且从图 8-29 所示的该类产品的人群性别来看，男性人群的占比也很高，所以，店铺可以针对标签有计划地投放。

图 8-28 精致妈妈人群常买产品的转化情况

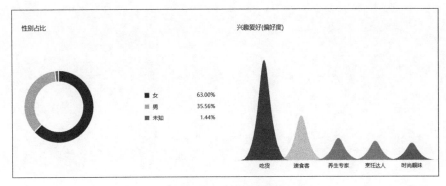

图 8-29 人群性别占比

3. 优化措施

针对本案例店铺的现状,优化措施如下:

(1)该店铺的消费力标签很精准,因此,在市场需求庞大的食品类目下,不宜轻易改变低价标签;

(2)调整年龄结构,针对三大高转化率人群进行定标投放,而且目前手淘推荐流量带来的模糊人群太多,需要花一定时间坚持调整标签;

(3)人群的区域性过于明显,前期可以重点锁定部分地区,后期则可考虑是否进行其他地区人群的转化,所以一定要按计划投放直通车和超级推荐。

从食品类目的竞争度来看,店主只用直通车来强化标签,这个方式的效果明显不够好,因为食品类目的关键词比较单一,竞争非常激烈,并且类目市场中的大品牌多,在需求明确的关键词搜索上,流量的抢夺更为激烈,而食品类目本身具备引导性,所以采用超级推荐来强化标签要比直通车的效果更好,但是要注意后端的承接。

准孕妇食品具备话题性,目标人群也非常明确,很适合作为"猜你喜欢"的推荐产品,另外该产品的男性人群占比也很高,所以店铺可以多做几个投放计划。

8.5 实践与练习

1. 店铺诊断应该主要考虑哪些因素?
2. 请给自己的店铺做一次综合的店铺诊断。